镇反沉冤

—— 我的劳改三十年

王丕忠

美国华忆出版社
Remembering Publishing, LLC. USA

Copyright © 2022 by Remembering Publishing, LLC. USA

ISBN： 978-1-68560-026-6 (Print)
　　　 978-1-68560-027-3 (Ebook)

Remembering Publishing, LLC
RememPub@gmail.com

镇反沉冤——我的劳改三十年

王丕忠　著

责任编辑：傅蕾
封面版画：胡杰
出　　版：美国华忆出版社
版　　次：2022年4月 第一版，第一次印刷
字　　数：120千字

All rights reserved.
No part of this book may be reproduced in any form or by any electronic or mechanical means including information storage and retrieval systems, without permission in writing from the publisher. The only exception is by a reviewer, who may quote short excerpts in review.

作品内容受国际知识产权公约保护，版权所有，侵权必究

本书作者 2007 年在北京香山植物园

写在前面

　　本书作者欧波是我的继父，本名王丕忠。他经历了一个世纪的沧桑，今年整 100 岁了。本书是他在 25 年前写就的。在 1989 年春天那个震惊世界、当局却不愿提及的事件发生后，老人家怀着满腔悲愤，奋笔疾书，写下了这些可以作为历史见证的文字。由于众所周知的原因，这份文稿一直无法出版，他的愿望一直未能实现。

　　回想二十五年前他写作的情景，一切还历历在目。在一个很小的阳台改成的"书房"里，他一坐就是几个小时。炎热的夏天，没有空调，挥汗如雨，我回到家中总是看到那个不变的背影，令我至今难忘。每当他记忆模糊不清时，就到外面去边走边回忆，手指掐着、算着，想好了又回到小阳台上写。他当时已经 75 岁，要把三十多年前的事回忆并记录下来，并非易事。何况这回忆过程，用他的话说，是"重温一遍痛苦的经历"。若非有强大的信念做动力，这事是做不下来的。

　　解放后，一个又一个政治运动似惊涛骇浪，能从这浪涛的击打中活下来，实属不易。尤其是"镇压反革命运动"发生在新政权建立伊始，打击"敌人"更是严酷与决绝，被"镇压"而又能活下来的可以叫做幸存者。而在凤毛麟角的幸存者中，有谁能在古稀之年，提笔著书，留下一份文字记录？为此，我深信这十几万字是宝贵的历史资料，自有它的价值，正像老人家在文中明白无误地申明的那样：**我是书生，又已年迈，但在迫切的愿望推动下，仍可利用拙笔与专政制度展开斗争，以亲身的经历揭露我国政治阴暗面中的一个死角，对民主运动多少能起一些作用。**

　　现在，这本书终于可以面世了，我想，继父拿起这本书，必当欣慰于**"告诉世人我所受过的苦难，是为了别人不再经受这样的苦难，是为了历史不再重演。"**

我们不懈地追溯历史真相，保存历史记忆，意义就应在此吧。

王丕忠继女

高忆陵

2014年10月

作者自序

本文名为《镇反沉冤——我的劳改三十年》，它不是小说，是事实的记录。在我动笔之前还自定戒律，据事实录，不许有丝毫夸张和渲染。好在我拙于文墨，词藻有限，能把情况朴实无华地反映出来，昭诸于世，于愿已足。

本文所述时限近三十年，其中刑期十二年，刑满留场就业近十八年。社会上称刑满留场就业为"二劳改"。劳改犯人与二劳改虽有区别，但实际上大同小异，所以一并叙述，共三十年。

解放前我原是国民党政府财政部下属上海市直接税局的一名职员，解放后被人民政府留用。1951年1月底以"匪特"罪被上海市公安局静安分局逮捕关押。经过多次审讯和逼供，转押车站路看守所，继续逼供，并责令检举揭发。几个月后又转押到上海市最大的提篮桥监狱，以学习的名义进一步逼供与责令检举揭发。约过了一年多，由上海市军事管制委员会以反革命罪判我徒刑12年。

其后历经了难以置信的恐怖和苦难，于1963年获得"刑满释放"，岂知这"刑满释放"却成了终身劳改的开始。罪犯刑满后必须填具"自愿留场就业申请书"，然后才能办理"释放"手续，迁出劳改队，迁入附近的农工队，作留场就业的农工。如果刑满后不愿留场，想回家与家人团聚，不填"自愿留场就业申请书"，那就不释放。所以我刑满时当然不能例外，也是在被迫填写"自愿留场就业申请书"的情况下被"释放"的。

劳改犯与就业农工究竟有什么区别呢？有区别，但区别不大。不同处是劳改犯住在大围墙内，称作监狱，大门口和四周有公安武装部队看守；农工住在大围墙外，不称监狱，无部队看守，此其一。劳改犯没有生活费，一切由政府供给；农工有生活费，衣食自理，吃食堂大锅饭，此其二。劳改犯无请假规定，活动范围有严格的限制；农工的活动范围较大，并有探亲假的规定，此其三。但实际上探亲是极难轮到的，没有直系亲属或被队部干部认为表现不好的人根本轮不到。相同处是二者都没有公民权，前者是罪犯，后者是地、富、反、坏"四类份子"。二者都从事艰苦的强迫劳动。二者也受同样极为严厉甚至达到不通情理的生活纪律、学习纪律等的严格控制，违反者将受到不同程度的处分。如被扣上逃跑、收听敌台、企图叛国投敌、暴动或企图暴动、造谣煽动、攻击社会主义制度、污辱革命领袖等罪行，即被认定为罪大恶极，后果不堪设想。如遇疾病，二者受到同样草率的医治，较好的药根本没有，批病假又极其严格，经常强迫出工。我本人曾多次身受其苦。

劳改犯与就业农工，在政治地位上、劳动上、生活上即是大同小异，没有多大区别，因此社会上把留场就业的农工称为"二劳改"并非言过其实。我在这种"二劳改"期间的经历中，曾目睹很多凄惨和令人惊骇的事。尤其是在"文化大革命"中。

在毛泽东去世，四人帮被打倒以后，就业农工得以脱掉了"四类份子"的帽子，全部恢复了公民权。我于1979年被劳改局办的中学接纳为外语教员（这所中学大部分学生是劳改农场内干部和就业农工的子弟），从此脱离了农工队，走出了"二劳改"的圈子，逐渐与社会发生了接触。从1951年算起至此将近三十年。

我被捕判刑时家有父母兄嫂和我共五人。侄女是在我入狱后出生。我本人因抗日战争和家庭问题延误了婚姻，还未成家。当我恢复自由回到家乡时，他们都早已先后去世，侄女已出嫁，全家只剩下我孑然一身。心情悲凉，自不待言。

当时政府正在大举办理冤假错案的审查和平反工作。我认识人中就有不少经申诉后获得平反，可我却一直没有想要申诉的念头。我当时有一种顽固的想法：我就当它一辈子的"反革命"吧，不去低头申诉仰人鼻息了。按我的看法，被视为暴政的敌人比作为它的顺民还强。

可是随着局势的发展，平反的人愈来愈多。经过反复地考虑，我体会到在当时的情势下，是否申诉已不仅是我个人的问题，或多或少会牵连到学校和我的亲友。我如不申诉，反革命的帽子便脱不掉，即使已恢复了公民权，但仍有前科，学校有我这个反革命教员，亲友们有我这个反革命亲友，不但颜面"不光彩"，且会蒙受不利的政治影响。有鉴于此，我便放弃固有的成见，决定申诉。由于案情简单，又无同案，看来法院复查并不费事，因此在上诉后只一年多便经复判，宣告无罪，12年徒刑的冤案逐告平反。随后我的原单位上海市税务局也为我落实政策，给我定级退休，级别虽低，退休费虽少，但生活总算有了着落，反革命前科从而勾销。

我自平反至今已近十年，为什么此文直到1989年春才开始动笔呢？原因是中间经过了多次犹豫。我虽有这些不寻常的经历，却从未想要把它写出来。一方面因为我不是作家，拙于文墨，写不好；一方面认为劳改犯和就业农工何止千万，以为关于这方面的情况早已有人写了，何必我去多此一举呢？

事有凑巧，1988年冬，偶尔到朋友家做客，在座有几位曾在"文革"中受到冲击、遭到凌辱的人。谈起当时被诬蔑、陷害、关"牛棚"、扣上右派或反革命帽子等等情况，出于愤慨，大家心情激动。我在这种气氛的感召下，也谈了一些关于我被陷害判刑以及在劳改队、农工队亲身所受和所见所闻的种种难以置信的事。有人便说这种经历值得写下来，是有价值的历史资料，并问我写了没有。我说没有，连想也没有想到过。于是有人便鼓励我写。我当时自然不能立刻作出决定，此事对我来说是桩大事，不能不慎重考虑。以后此事常在我脑海中萦回，可是始终没有下决心去写。

不久之后我读到了两本小说，内容多少描述了劳改队和农工队的一些情况，并间有触及风情的片断，存在着迎合读者兴趣的倾向。这与我所经历的充满了辛辣与恐怖的情况有很大距离。同时我逛书店书摊时，经常留意有没有关于写劳改情况的书或刊登在杂志中的文章，却始终没有发现，这颇出我意料之外。

既然关于这方面著述如此之少,竟可说无,我来写它一些也就不是多余。然而更主要的原因是我在劳改中所经历的荒谬、恐怖、不人道等等在外界是鲜为人知或知而不详的事实,纯属我国现代历史上残留的封建法西斯意识在当代政治体制中的体现。劳改队这样的特殊产物,作为历史见证不应缺漏。作为争取民主人权和法治又作为论证人治和独裁必然导致腐败以至暴政这一论点上自有它的说服力和起一定的作用,尽管薄弱也不至于毫无影响。

决心是有了,但仍有顾虑。我年过古稀,体弱多病,并且几十年的劳改生活已使我能适应最清苦的生活,从而只求心情平静,生活安定,不再遭受灾难,草草了此劫后余生。假若写出此文,惟恐又要犯忌招祸,引火烧身。我们这一代的中国人,对于过去几十年来全国范围发生的种种政治迫害、可笑却令人寒心的文字狱等情况犹历历在目,余悸至今未消。想到这一点,决心又起动摇,几经踌躇,未能动笔。可是这件事既已在我脑海中存了案,就没法把它排除。我近几十年来的苦难劳动,非人生活,终至家破人亡,剩下我孑然一身,今生的幸福葬送殆尽,由此积下的怨恨和愤慨既固且深,除非把它倾吐出来,心情不会舒畅,所谓"不平则鸣",人之常情。

促使我拿起笔来的直接动因,则是当时(1989年春)发生的那场尽人皆知的政治事件。我把自己亲历这一事件的全过程写在了本文"后记"中,并视为全文不可分割的主要内容。事件发生后,在极度悲愤中我决心提起笔来,把一生的经历据实记载,作为揭露黑暗的历史资料,作为后世借鉴,至于是否会如前所说因此招祸,那就置之度外了。我在后记中写道:"只要能为民主运动尽一份力量就是我莫大的欣慰,也是我平凡而坎坷的一生中所作唯一有意义的事。"这就是我在古稀之年写出本文的动力所在。

还要说明一点:我的劳改经历到我开始动笔写此文,已经时隔多年,有些情况已记不清楚。因此在写作过程中时刻追溯当时的情景,即在就餐行路中也不断地思索当时所发生的一切事情和自己当时的感受和思想。使已经模糊不清的印象逐渐清晰起来,已经忘掉的事又呈显于脑海，于是随想随记，陆续补充。但是这一过程是付出代价的，而且是痛苦的代价。因为回忆我过去的劳改生活可说是在重温受污辱、受陷害、受虐待的噩梦，以至思想上产生极大的不愉快。但是就我的愿望来说，付出这代价是值得的。

当我回忆这一切的时候，确有欲哭无泪的悲痛感受。从切身的经历中体会到政治迫害是世界上规模最大，手段最阴险毒辣，蒙蔽性最强的迫害。掌权者对受害人可随心所欲地扣上罪名论处，尤其是被扣上"特务"帽子的人，更是有口难辩，没有人能肯定究竟是怎么回事，没有人敢追究案情，没有人敢主持正义，没有人敢公开表示怀疑或同情，更没有人敢支持受害者而代为申辩，否则便冒了天下之大不韪，必然要受到株连。至于受害者本人，即使能幸免于死，可是经长期监禁和劳改的折磨后，已年老体衰，健康恶化，际于垂死边缘，一切力不从心，无所作为了。即使怨气不消想要"报复"，也难以确定报复的对象。因为这不是个人间的私仇，追究起来至终要溯源到政权问题和统治阶层。想要报复是远远超出了个人能力所及的范围，实际上恐怕也没有人敢做这种尝试。

1990 年于北京

目　录

写在前面　　　　　　　　　　　　　　　I

作者自序　　　　　　　　　　　　　　　III

第一章　缘起　　　　　　　　　　　　1
　　留用　　　　　　　　　　　　　　　2
　　积极分子　　　　　　　　　　　　　4
　　准备赴港　　　　　　　　　　　　　8
　　被捕　　　　　　　　　　　　　　　10

第二章　监禁和审讯　　　　　　　　　14
　　被捕之初　　　　　　　　　　　　　15
　　监禁生活　　　　　　　　　　　　　17
　　欲加之罪　　　　　　　　　　　　　21
　　车站路看守所　　　　　　　　　　　25
　　定案　　　　　　　　　　　　　　　30
　　红色警车　　　　　　　　　　　　　34

第三章　提篮桥监狱　　　　　　　　　37
　　窗外的枪声　　　　　　　　　　　　38
　　监啸　　　　　　　　　　　　　　　41
　　判决　　　　　　　　　　　　　　　43
　　复判　　　　　　　　　　　　　　　45

第四章　皖北治淮　　　　　　　　　　48
　　投入劳改　　　　　　　　　　　　　49
　　治淮工程　　　　　　　　　　　　　53
　　转移到苏北　　　　　　　　　　　　59

第五章　苏北农场　　　　　　　　61

　　棉田垦殖　　　　　　　　　　　62
　　因言起祸　　　　　　　　　　　67
　　逃跑计划　　　　　　　　　　　70
　　创伤　　　　　　　　　　　　　72
　　阴谋暴动集团　　　　　　　　　75

第六章　西部地区筑铁路　　　　　84

　　巴王河大桥　　　　　　　　　　85
　　粮食定量　　　　　　　　　　　88
　　55 公里　　　　　　　　　　　 94
　　评定劳动等级　　　　　　　　　97
　　39 公里　　　　　　　　　　　100
　　吊人沟　　　　　　　　　　　 103

第七章　内蒙保安沼农场　　　　107

　　修旱坝　　　　　　　　　　　 108
　　新大队长　　　　　　　　　　 114
　　汛期　　　　　　　　　　　　 116
　　严冬　　　　　　　　　　　　 119
　　大跃进　　　　　　　　　　　 121
　　"上诉"与复判　　　　　　　　 123
　　"自愿留场"　　　　　　　　　 127

第八章　农工队阶段　　　　　　132

　　评工分　　　　　　　　　　　 133
　　四清运动　　　　　　　　　　 135
　　"三忠于"　　　　　　　　　　 137
　　批斗运动　　　　　　　　　　 139
　　王政委　　　　　　　　　　　 143
　　"文革"后期　　　　　　　　　 145

第九章　上诉平反	147
"文革"结束	148
上诉	149
平反	150

后　记	152
补　遗	158
附录1　波叔与我们一家	160
附录2　继父其人	170

第一章　缘起

留用

"留用",这是大陆解放后,共产党掌权初期形成的一个新名词。指原国民党政府机构的职员在共产党接管后仍留下并被任用的缩略词。这批人都是中下级职员,既非军政要员,又非资产阶级,都是走投无路靠工资糊口的可怜虫。

1948年秋后,解放军在东北节节胜利,国民党军队溃退入关。至1949年春,解放军一路追击到了徐州地区,掀起淮海战役。这一战役地当要冲,关系全局,经双方激战,解放军又取得决定性的胜利,国民党军队丧失斗志,溃不成军。局势急转直下。

我当时在国民党政府财政部下属上海市直接税局任职。我进入该局丝毫没有依靠人事关系,是通过财政部办的财务行政人员特种考试录取,再经过训练班后进入的。这种员工称为考训人员,属财政部的基本职员,不受主管人事调迁或机构变动的影响。

在国民党政府岌岌可危之际,税局的内线人物中平时和我接近的人曾对我说:情况已危急,当局已作迁往台湾的准备,如我愿意同走,可为我联系,嘱我早作准备。我便问可否带家属,他说:

"不行,要走的人太多。交通工具不足,只好本人先走,家属容后再说。"

我当时心乱如麻,一时决定不下,只说让我考虑后再答复。经这谈话,我思潮澎湃,寝食不安,心想如果放弃税局的职务再向何处谋生?如随局方去台湾,那末双亲已年迈,留在大陆谁来瞻养?考虑到这一点便决定不去台湾。此外还有一个看法,认为国民党腐败无能,纵有几百万军队却保不住大陆。今后逃到一个小岛,靠少数土地人口和军队更不能坚守。何况国民党不得人心，恐怕台湾人民也会起来造反，决不能长处久安。我如随着局方去台湾，可说是自趋绝路，台湾一旦被解放更去何处？我平生虽不进步，却从无劣行，从未干过反人民反革命的勾当，解放后留在大陆，想也不至有问题。考虑到这一点，留下的决心从而更坚定。

1949年初夏，上海市解放了，我怀着既喜悦又惆怅的复杂心情来迎接这一历史的转折。喜悦的是过去乱七八糟的政治局面结束了，一个崭新的景象展开了，在这样的情况下每个人都有机会学有所用，致力于新中国的建设和发展，结合着国家利益的增进，个人利益也可随着增进，民富国强的前景正在向我们招手。过去的政治不安定，职务不安定，物价不安定，生活不安定，思想不安定等等情况，渴望一去而不复返了。惆怅的是我本人在解放战争和新中国的创业中，一点也没有出过力，全仗共产党、解放军以及进步人士的努力，非但扪心有愧，而且在我个人经历中缺少光彩，与人共处，相形见绌。

我们这一批留用人员，经新来的当局派到学习班学习。在学习期间，除学习革命理论、党的政策、业务知识外，还须个人表态，而且所有的人都要通过极为严格的资历审查，然后逐个分配到新的工作岗位。当时税局的名称已改，我被分配到另一处工作。当时就想，过去的事过去了，而今职位已定，一切从头开始，以后振作精神好好工作，争取光明的前途。

综上所述，说明我原先对国民党并没有好感，相反对共产党却抱有幻想，认为共产党有它一定的优越性，可望它扫除资本主义制度的弊端，给人民带来幸福，使社会走上进步。可是后来它所执行的种种政策和一系列的政治运动，以及其引发的无数骇人的事端和恶果最终使我的幻想破灭，思想走向相反方向，这一转变完全是客观造成的，并没有成见在起作用。

积极分子

我自1949年秋开始在新岗位上工作。当时同事大多数是留用人员,彼此还能相安无事。可是过了不久,陆续调来了一批新干部和青年,这些人被局方誉之为"积极分子",表扬他们思想进步,工作努力,被称作骨干,并号召大家向他们学习。

当时我的顶头上司谢某就是这样一位骨干。这人偏见极深,独断专横,把留用人员视同"俘虏"。他时常召开"积极分子"会议,留用人员不得参加,会议内容保密,外人不得而知。从此留用人员处处受到歧视和压制,一切唯有听命,没有发言权。在工作和生活中即使有意见,甚至有气恼之事,也只有忍气吞声,敢怒而不敢言。留用人员难免私下发牢骚出怨言,但很谨慎,非常注意谈话的内容和措词,唯恐泄漏出去触犯当局。同时"积极分子"无时无刻不在暗中侦查留用人员的言行。有的甚至故意向你表同情,引你说出"反动言论",然后暗中告发立功。就在这样的场合,有一次我出于愤慨失去了警惕,无意中说了一句较有分量的话:

"看来我们好像不是被解放者,而是被征服者。"

当时没有人接我下文,一时冷场,更显得我这话突出而引人注意。我立刻意识到失言,但话已出口,收不回来,后悔莫及,忐忑不安,一连好几天懊恼万分,唯恐因此招祸。但事后未见动静,思想稍安。然而是否就太平无事,很难断言。

当局的作风,对于所谓"内藏的敌人"和"可疑的对象"不采用打草惊蛇的方式,而是暗中侦查,收集材料。到了适当时刻突然袭击,出其不意,攻其不备。至于所搜集的材料,是否真实,置之不顾,否则积案如山将无法处理。办案人员为图塞责和立功,甚至捏造案情,绳人于罪。想到这些令人心寒。至于我这番话是否被告密,是否已写成材料存进我的档案,不得而知。从后来对我的歧视和迫害步步升级，以至被逮捕判刑，看来可能与此有关。

留用人员一旦被注视且片面定性为反革命分子，将难以脱身。司法机构也以"一切敌人难逃人民法网的巨掌"的口号自豪自诩。总之当时在恐怖不安中工作和生活，实在不堪忍受，可是一时也无法可想。

有一次处里开会，是为布置一项紧急任务。会议中积极分子提出了很多意见和措施，但是没有人提到应做出法制上的规定。于是我便提出了这一点。出乎意料，当时立即遭到积极分子们的围攻，说我没有立场，我的主张会泄漏政府的机密。这样的帽子扣下来使我不敢辩解，知道这是徒然的，只有增进矛盾，扩大事端。当时会议由谢某主持，他一向偏袒积极分子，歧视留用人员，但这次却一言未发。按我体会我的主张是符合政策的，是理所当然的。一批积极分子文化不过初中，年龄不过二十，只知高呼万岁，积极响应号召，知识是极浅薄的。谢某当然也了解这一点，因此没有在会上明确表态，没有站在积极分子一边来攻击我。可是对我随后的苦难经历来说，这是开端。

这件事后，与我较为接近的留用人员私下说我太暴露思想，劝我要注意。我当时颇不以为然，心想表达个人的思想是人之常情，我又不是阴谋家或间谍，为什么要隐瞒自己的观点？事实上这人是好意，只是我当时对自己处境的险恶认识不足，与谨小慎微、明哲保身者相比，可说是愚蠢，可说是不识时务。可是生性如此，也难以改变。

1949年冬，政府发行折实公债，局方号召职员们认购。有一天我工作的部门召开全体会议，进行认购。与会者有几十人，其中半数以上是积极分子，由主管谢某宣布认购办法：先由个人自报，经公议通过，然后把认购数额登记下来由认购者签名。当时我应认购多少，心中实在没数。而且由于经济极度困难，实在无法负担过多，想先看大多数人认购多少，我就随大流也认购多少，总不致太离谱。

认购开始了，谢某问：

"谁先开始认购？"

话音刚落立即有人提议由我先认购，看来这是事前布置好的，这是他们的一贯作风。不少人便喊：

"同意。"

这下把我的打算打破了。我便说：

"我不知道应该认购多少，少了不合适，多了我负担不了，还是请别人先认购吧。"

积极分子中有人便说：

"如果别人也和你一样想法，那末谁先开始？至于多少问题，越多越好嘛，遇到好事应该见义勇为，不要推让了。"

我一时说不出话来，其他人也不作声，一时冷场。

谢某开腔了，对我说：

"你在此年龄比较大，就不能起个带头作用吗？"

他的口气十分严峻，事实上等于命令，使我十分反感。我早已略知这谢某的来历。有知内情的人曾对我说过，要提防这人。他原先是共产党员，后来脱离了党的关系很久，现在解放了，又来参与工作了，是个投机分子，不少人吃过他的苦头，提醒我要多留意。我想到这一点，不敢和他顶撞，又想早认购晚认购总是要认购，而且我如能少认购那更好，如认购多了，别人也不至于过少，早点过这一关，好早点放下思想包袱。于是，我略加思索便说了一个数目，在印象中这是我当时很大的负担了。哪知刚一出口，便有人接口：

"你就认购这么一点点？我们知道你是很有钱的，你至少认购XXX份。"

那时一份折实单位约值六千元左右，即相当于钱币改革后的六角钱。

我便说："我确实很困难，没有钱。"

"谁相信！你犯的是资产阶级的通病，自私自利，一毛不拔。"

这人的话音刚落，其他积极分子就七嘴八舌地对我指责，室内一时乱哄哄，也听不清在说什么。我怒火中烧，但尽力克制，回过头来问谢某：

"认购折实公债到底是自愿的还是强制的?"

在这当口我头脑已混乱,分不清言重言轻,也考虑不到对自己的不利影响和后果,忍耐和克制在极度愤怒下是难以做到的。

谢某不回答,也不看我,只是冷笑了一声,然后对积极分子和登记认购数字的记录人员说:

"随他去,他一份不认购,共产党、人民政府也垮不了台。"

他这样的说法好像我是在抗拒认购,企图政府垮台,恶毒至极。我受到这样一连串的污辱和诬蔑,气恼已极,真想一份不认购,立刻离开会场。可是想到我是一个无告的人,而且在政治威力控制之下,如果真被扣上破坏认购折实公债活动的大帽子,后果不堪设想,从而心中害怕,不敢走极端,尽力地忍耐等待。其他的人进行认购了,进行得很快,绝大多数人认购同一数目,好像是预先商定的,是个二位数。而且在自报公议进程中只有自报,公议只是形式,大家都是只喊一声"通过"便了事。最后记录问:

"还有人没有认购吗?"

我说:"还有我,也认购XX份。"

记录不敢记,看看谢某,观察他的脸色,谢某只当不知,置之不理。我便催促记录记下。他看谢某并无表情,便记下了我的姓名和认购数。最后谢某作了些指示后宣布散会,会议就这样结束。我怀着愤怒、恐怖、懊丧、迷惘的复杂心情,无精打采地离开会场,脑海中痛苦地思量着一个迫切的然而却难以解决的问题:"这样的生活我怎样过下去,我该怎么办?"然而当时我还没有意识到,我的悲惨命运由此深深地扎下祸根,正在前面等待着我。

准备赴港

从此以后我的处境就更加困难了。工作中经常受到批评指责，无理取闹，并把我调去干外勤工作，调查各厂家的生产和营业状况。后来我才知道这是一个阴谋，有意调我外出，以便暗中侦查我的行动。有几次我发现有人在跟踪我，但我并不害怕，只是气恼。我不是特务间谍，没有越规行为，没有犯法活动，不怕侦查。

一次有人在马路尾随我，被我发现，我不逃避反而转身去追他，他迅速逃窜，不知去向。又有一次，夏夜我在中山公园乘凉，听到身后树丛中有人，走过去一看，只见俩人影，他们发觉我走近便立刻避开。有一次我寄信，在邮局买了邮票正往信封上贴时，身旁一人出奇地注视我的信封，引起我怀疑，信投入信箱走出邮局后，我觉此事蹊跷，又进邮局想看此人是个什么样的人，可是看不到此人，猜想他已进入办公室，要求邮局开箱取出我寄的信来检查了。我那封信是无关紧要的，随他们去检查好了，我大可不必为它多伤脑筋。对此种种我并不恐怖和胆怯，而是愤怒和烦恼，精神上受到难以忍受的折磨，无从摆脱，日子实在难过。

同时在生活上入不敷出，愈来愈困难。别的职员陆续定级定薪，而我的工资却原封不动，只发给"生活费"，约一百二十个折实单位。除维持本人生活外，还要负担家庭，在困难下不得不靠举债度日。可是那时至亲好友也无不在困难之中，自顾不暇，确实无力帮助别人。

正在这时，我左胸忽然膨胀，左乳部位生一硬块，逐渐增大，又痒又痛，夜不成寐。到医院诊治，打针几次后未见效果，且费用很高。转中医看，据称此症是由于心情抑郁，气血不顺所致，开给我药剂和膏药，过了约半个月居然痊愈，其后也未复发。

这可说我当时不幸中的大幸，否则贫病交迫，不堪设想。但是肉体上的痛苦虽解除了，精神上的痛苦仍然存在，并且与日俱增。有一次，一个与我相熟的同事，他是共产党员，能参与内幕，告诉我：局方开的一次工作会议上曾打算开我的批判斗争会，因王处长表示不同意用这方式来教育我而未决。这会虽未开成，但给了我一个信息，即他们开始要用强硬的手段来对付我了。

在身心双重煎熬下挨到了1950年冬天。有一天在电车站碰见大学时的同班同学张某，他刚从北京回到家中。他由于在北京某机关任职中受到排挤和歧视，愤而离京。于是我把我的情况向他一谈。正是处境相似，同病相怜。在多次会晤后，谈到彼此今后的出路问题，二人都感到在这个新政权之下是难以生活下去的。极端的政策，政治的偏见，使具有民主、法制、人权观念的人无法适应。我二人那时所考虑的只是个人出路问题，谈不上政治观点和企图。他告诉我，大学时代曾在经济系执教的一位美籍教授，在第二次世界大战后担任联合国善后救济总署的远东方面负责人，解放后总部由南京迁到冲绳，在香港设有办事处。燕京大学经济系的同学中已有几人在这些部门中工作，他也打算要去，要我考虑是否愿意同去。我当时实在不能在税局继续工作下去了，经济上又濒临绝境，如不铤而走险，出去闯一下，别无其他出路。在逼上梁山的形势下，决定和他一起去香港。

解放初期，大陆有很多人想逃避现实，投奔境外，香港是最近最方便的目的地，路费既少，又无需证明和签证。政府对此并不禁止，而且规定了居民赴港的手续和办法。我恰好有近亲表姐夫妇在九龙元郎经营家禽生意，营业很兴旺，解放前曾一再邀我陪伴我母亲去港在他们家暂住，游览港澳各地。我如去港就可以他们家作为立脚点，再图出路，目的仍然是想借美籍教授之力进入联合国善后救济总署。

赴港之事一经商定，我便回苏州家中探望双亲，说明了一切情况，对我离开后家庭的生活略作安排，并留下了除赴港的川资外仅有的余钱。以后赡养的责任只好暂时落在我哥哥一人的肩上。至于一家人如何去克服困难，当时也无法考虑周到，只好等我在外闯出生路后再说。

在家中住了一夜，第二天一早与双亲告别，乘早班火车回到上海。一回到宿舍就发现我的东西被人翻动。我便问看屋子的工友有谁来过，他先不敢说，经我追问，才吞吞吐吐地说：好像是有两个人来过。我对此已不以为怪，早知我是在被监视之中，时时有人在侦察我，跟踪我。解放以来，政府防特、防反革命活动的措施无所不用其极，报纸上经常登载破获反革命案件，不断有人被处决，真相如何不得而知。

以我为例，即被认作反革命特务嫌疑，专政之下，无理可言。由于无法律保护，人人自危。我生性比较胆大，而且既已决定远走高飞，脱离苦海，对这些触目惊心的消息也就不很恐惧，但也不能无动于衷。回顾在一年多的短暂时期中，我在工作上生活上没有做到唯命是从，更没有做到表现积极，不是由于不能而是由于不愿，有时还要表达自己的意见，从而暴露出在观点上不免与当局有差异或相左。在这种情况下，即使不把我看作特务搞破坏，至少也要被看作是阶级异己分子。容我这样的人存在，是专政的障碍和祸根。接踵而至的"镇反""三反""五反""肃反""反右"以至"文化大革命"，名称虽不同，实质则一，都是要铲除专政的障碍和祸根。

被捕

1951年新年过后，我便着手做赴港准备。卖掉了收音机、手表、衣服等作为路费，怕不够又向朋友借了一些，凑了为数不多的钱，估计路费已够，再多也筹划不到了。好在到香港以后可寄居在表姐家中，总不至流落街头，至于以后怎样就顾不到了。当时政府并不禁止居民赴港，凡要赴港者可申述事由申请通行证。探亲是种种事由中最为普遍最为简单的事由。我既有表姐在港，又有她的地址，就准备以探亲为事由，通过正常手续申请通行证赴港。不料，我和大学同学的赴港计划遇到了节外生枝。12月中旬有一天我俩会面时，他说他妻子在北京娘家，一时不能回来，他必须先去北京一趟，和他妻子商议一下，征求她的同意，并筹划川资。我虽急于成行，但一想这事对他来说也是必不可免，不得不耐心等待他赴北京回来后再启程。

到了十二月下旬，我到人事室去谈我因健康原因不能继续工作，请准予我辞职休养，待健康恢复另找工作。人事室说：政府没有辞职的规定，你如有病，可到公立医院去检查，开具证明，局方可以给你开病假。我碰了钉子怏然而回。心中盘算，如不辞而走有何不可。继而一想，我已被监视，如不按正规手续办理出境，会出问题，可能认为我潜逃而逮捕，还是慎重从事，不可冒失。1951年1月底，我突然接到通知，叫我到人事室去一趟，我立刻预感到不会是好事，但未知究竟，只有硬着头皮去看是什么事。人事室离我办公地点不远，便步行而去，一路上心情紧张，忐忑不安。留用人员因无法律保障，随时有祸从天降的可能，我既然已被监视作反动的典型人物，这种可能性更大。临近中午来到人事室。

"通知我来是为什么事？"我问。

"你不是想要辞职吗？"接待我的人反问。

"是的。"我说："因为我身体不好，有病，这里的工作太繁重，我顶不住，曾有过想辞职另找工作的打算。总局人事处叫我去公立医院检查，出具生病的证明，可以请病假休养，但不能辞职，局里没有这种规定。"

"你用不着去检查了。"他说："局方经过考虑，满足你的要求，准许你辞职。这儿是你的辞职批准书，你可到会计科去领取这下半月的工资。"

这真是出乎我意料之外。原以为这件事要费很多周折，想不到却解决得这样爽快。于是立即去会计科领了十二月份下半月的工资约40万元，这是从60份折实单位折合人民币的数，是解放初期的币制。在币制改革后，以一万作一的比例计算，约合40元。我从会计科出来正要走出大门，即被门卫拦住，不让我出去，说是局中正在开会，不许人进出，需等会开完后我才能走，并叫我稍等一下。我顿时生疑，因为这是从未有过的事。我立即返回人事室，责问为什么门卫不让我出去。他们叫我等一下，去找主管来见我。过了几分钟，主管出来了，对我说门卫不让我出去是出于误会，并已通知门卫放我走了。我因中午还有约会，急于要走，也就不去管它是怎么回事，匆匆走出大门，打算乘车去会一个亲戚一同吃午饭。哪知刚走离大门约100米，身后有人拍我肩膀，我回头一看是两个陌生人，身穿中山装，其中之一面目狰狞，异乎寻常。

"你们干什么？"我便问。

"跟我去公安局走一趟。"

"什么事？"我又问。

"你去了就知道了"他俩答。

"我今天有事没空，不能去，明天再去。"我说。

"不去不行，你被捕了。"

他俩说时拿出一张逮捕证给我看，上面姓名栏中是我的姓名，案由栏中是赫然"匪特"二字。这真似晴天霹雳，一下把我震懵了。我略定一下神，急躁火爆地说："没有的事，胡闹，你们随意抓人，我不去。"

"你非去不可，我俩是执行命令，有话到局里去说。"

随后一人掏出手枪指着我，另一人把我上了手铐。接着后面开来一辆黑色旧汽车，他俩把我强制押上汽车。我因过于激动，大声抗议。

公安局就在附近，一下就到了。我被押下车，他们连推带搡地把我押进一间小房间，其中只有一张桌子和几把椅子，一进门便推我坐在一把椅子上。同时从外面又进来了几个人，拿着纸张墨水和蘸水笔放在我前面的椅子上，对我说：

"你要知道党的政策，坦白从宽，抗拒从严，你把你的身份、组织、犯罪经过、目的、计划、同案等详细据实地坦白交代，争取从宽处理。否则死路一条。"

我听了怒不可遏，头脑发胀，站起来大声说：

"我决非匪特，没有什么好交代的。你们就这样诬蔑人、压迫人吗？"

他们又推我坐下，厉声说：

"这样就算压迫你？压迫还在后头，你等着瞧吧！你还不老实？快写！"

"不写！"

我大声说，随手把纸笔墨水瓶等使劲扫在地上，他们中一人走过来，一巴掌打在我脸上，激怒之下，我用尽全力一拳回击，打在他身上。其他几个人立即对我围攻。我也拼命抵抗，拿出我少年时代学的招数尽力自卫。一时桌翻椅倒，乱作一团，终因寡不敌众，又因病后体弱，远不是他们对手，在拳打脚踢之下，站立不住，栽倒在地上。在倒下时头部撞在墙上，只觉金星乱闪，陷入昏迷状态，当时仍未完全失去知觉，但浑身疼痛，不能动弹。他们七手八脚地抽掉我的裤带，解去我的皮鞋带，搜去我的东西，如钱、日记本等。我完全失去抵抗力，只有任凭他们摆布。最后把我抬到看守所，投入铁栏之内。我不能站立，躺倒在墙角，不久便失去知觉，是昏迷还是入睡，分辨不出。

我生性倔强，虽遭此变故，备受凌辱，却没有哀叹自己命运悲惨，情绪并未颓丧。但是，我对前景的艰难险恶，至此已深信不疑。看来前面是一段望不见尽头的历程，怎样走完不堪设想，只有去硬顶，但不知将伊于胡底。

第二章 监禁和审讯

被捕之初

我被殴打后，关入看守所监房内，昏睡了不知多少时候。夜里醒来，往四周一看，房间约二十平方米，三面是水泥墙，一面是铁栏杆，栏杆外是走廊，走廊有门通向院子。走廊中有一盏电灯，发出微弱的黄光。房间内地上横七竖八地睡满了人，没有一点空隙。我的位置是在墙角一个马桶旁，只可蜷缩，脚伸不直。房内臭气熏人，除人的汗气外还有马桶中散发出来的恶臭。我一阵恶心，睡不着了，撑起身来靠墙坐着。

我将被捕前后的一段情景在脑海中重演了一遍，心想我到底做了什么竟会发生这样的事？经过苦思终于在杂乱的回忆中找出一条头绪，这是一年多来我在局中所受到一连串迫害的发展，至此竟用诬陷的方式来置我于死地。起初我认为一个政权，尤其是在掌权之初，多少会顾到法制和人权，因而我还有可能得到法律的保护。按理逮捕和判刑总应以事实为根据，总应获得确切的证据，总要通过正当的法律程序。我自问既不是特务，且与特务组织毫无牵连，除曾参加过一二九运动外从未参加过任何政治活动，一向是个不问政治的人，以为政治问题与我无关，政治性质的罪名决不会落在我的头上。可是如今，竟然把我当作政治犯，真是不可思议，完全出乎我意料之外。身经这种生死存亡的变故，我陷入深思而有所领悟。导致这样的情况应归咎于我的无知。这无知缘于史无前例，无所借鉴，不可能有先见之明而有所警惕。另一原因是我生性耿直，不虚伪，把自己暴露为攻击者的目标。在当时那种困境和难堪中，我还幻想要搞清自己的问题，依靠法律的公正使我脱出樊笼。一夜乱想不能再入睡，就这样，在昏暗灯光下，臭气熏人中熬到天亮。

被捕之初，愤怒和悲哀两种不相类的情绪交替地折磨着我。可是最使我忧虑的事是双亲年迈体弱，靠我和哥哥两人微薄的收入赡养。我哥哥有家室，自顾不暇，我入狱后负担即落在他一人身上，如何能维持下去？这精神上的折磨胜过了肉体上的痛苦。

入狱后头几天没有来提审。不来提审使我很不安，不知葫芦里卖的是什么药。不过当时我实在没有精力去应付提审，那将是一场艰苦的斗争。尽管身体虚弱，精力不济，但为了自救，还得尽力挣扎。

此后不知被闷关了多少天。一天下午我正昏昏欲睡，看守忽然来喊我，说是叫我去提审。我闻声跃起，兴奋之极。他带我走过院子、走廊、楼梯，来到审讯室。室内已有一名身穿中山装的干部坐着。他命我隔着一张大的办公桌坐在他对面，用敌视的眼光看着我。此时又进来两年轻人，坐在墙边一言不发，是来警戒还是来监视，不得而知。

审讯开始了，彼此一问一答地进行着。主要是追问我的出身成分，"反动经历"，参加过什么反动组织，担任过什么职务，干过什么反人民反革命的活动，有几个同谋等等。其中除了出身成分和"反动经历"外，其他我都无可交代。可是他决不轻信，穷诘不舍，并说政府已掌握了我的犯罪事实，就看我坦白不坦白，同时不断地用"你不老实"，"你狡滑"，"坦白从宽，抗拒从严"，"拒不坦白，死路一条"等威胁性的话来恫吓。

我并不胆怯，甚至大声反驳，我说：

"我没干过的事叫我交代什么！政府常说要讲实事求是，为什么在严肃的法律问题上不讲实事求是？你说政府已掌握了我的材料，那你就讲吧，我如干过，决不抵赖，甘受严厉处分。"

就这样纠缠了很久，天色渐暗。旁边坐着的人开了电灯，在灯光下又过了一些时候。提审员看来一时也逼不出更多的口供，于是收拾起一叠厚厚的记录，叫人把我押回监房。同监的人已吃过晚饭，把我的一份留给我吃。我心绪烦乱，胡乱吃了几口。因为提审时间太久，他们为我担心，围拢来问我提审的情况，我疲倦已极，但不忍拂他们的好意，简单地搪塞了几句。

那时还在"惩治反革命条例"颁布之前，大逮捕、大镇压还未开始，对我那样的桀骜不驯，总算未用体刑。当时我也没有想到体刑这一点，此后的情况就截然不同了。

监禁生活

这次提审后大约有十多天没有再来提审。在这些难熬的日子里遇到了一些可怕之事。其中之一是一个在押犯夜里吞食了自己的眼镜碎片，因疼痛难忍嚎叫起来，把全监房在押犯、看守都惊醒。起初大家以为他是患了急性阑尾炎，但睡在旁边的一个人发现地上有一副眼镜，只有架没有镜片，才知道他是吞食了碎镜片自尽，于是把他抬走了。抬去何处不得而知，猜想是去医院急救。反革命犯的生命本来是没有价值的，不值得营救，但在未定案前死去，得不到口供，会对破案造成困难。

这一事件，办案人和看守是有责任的。按例在押犯在被关入监房前，须把他的眼镜、裤带、一切金属制品等，凡可作凶器或自杀之用的东西都要搜走。我是连鞋带都被取走的。在押犯中有人说吞食玻璃片自杀是最痛苦最遭罪的，因为一时死不了，可又救不活，须在肠胃被磨烂后才能死去。大家听了毛骨悚然。

第二天一早看守所所长就来训话，大意是夜里吞眼镜片自杀的那人是反革命特务，罪大恶极，自知政府放不过他，活不成，于是自杀，企图借此隐瞒他的组织和同犯。其实他的一切情况和罪行政府已了如指掌，如果他能相信政策，靠拢政府，彻底坦白交代，检举揭发，争取立功赎罪，还有获得宽大处理的可能，不一定被镇压，不必走自杀这条绝路。他是反革命罪犯的反面教材，大家从他这一事例中应得到启发教育。

我也是以"匪特"这一可怕的案由被捕的，见到此人的下场，不免兔死狐悲，心情久久不能平静。那自杀的人，是否被抢救不死，不得而知。不过听看守所所长的讲话口气来猜测，他是死了。

有一天，一个外国人关进看守所来了。他能讲英语，于是便用英语和我交谈。他原来是德藉犹太人，是行医的，在希特勒掌权后曾受到迫害，坐过牢。出狱后即逃往英国，后来和一英藉犹太妇女结了婚，并入了英国藉。第二次世界大战结束后，夫妇二人一起来到中国，在上海市开设了一所"万国殡仪馆"。解放后这殡仪馆由于是外资企业，勒令停业，一切财物被查封。他因私人轿车的汽油放在殡仪馆，便擅自开车进入殡仪馆去加汽油，于是被捕。

我对他说："你的问题不严重，很快就可以解决。"

他便问我："你是为什么事被捕的？"

"我是以反革命匪特的案由被捕的。"我告诉他。

他听了默不作声，沉寂了一刻后说：

"你的事不简单，性质严重，不容易解决的。近些日子外面天天有枪毙反革命分子的消息。政治迫害是毫不容情的。我就几乎死在纳粹政权之下。"

我知道他所说是可信的。因为看守所中有一份报纸，在所谓学习时间由在押犯人中指定一人读报，大家听，然后讨论，写出发言记录交所长检阅。因此知道报上确实天天有破获匪特和反革命活动的报导，而且被处决的人愈来愈多。这种消息对我的刺激很大，使我的精神处于紧张之中，交织着愤怒和恐怖。我体会到陷入这种处境，确实有性命之忧，被枪决是完全可能的。想到他是医生，有生理知识，于是问他：

"一个人被枪毙，痛苦大不大？"

"不大"，他说："甚至本人还听不到枪声便死了。"

我对他所说的半信半疑，便接着问："何以见得？是否经过生理上的证明？"

"枪毙一般是打头部，"他说："痛苦的感觉是从脑神经中产生的，枪毙时子弹把脑组织破坏了，脑神经便失去作用，痛苦便无从产生。但是如果枪打不正，或打在身体别的部位，情况就不同了，就会有痛苦了。"

"那末杀头是否很痛苦？"我又问。

"杀头是有痛苦的，"他说："但时间很短，因为一个人头被杀下后，头颅中的血液很快就流失，脑组织没有血液便不起作用，与被破坏相同。枪毙时只要子弹打中要害，死者不会抽搐，就表明没有痛苦。这是用动物作实验得出的判断。"

他是医生，当然有这方面的知识，而且所说也合乎逻辑，我没有理由不相信。和他的一席谈话，似乎没有把它写出的价值，可是事实上对我却有莫大的帮助，我由此减少了对被判死刑的恐怖。在当时处境下，心理上得到了宽慰。这件事给我的印象极深，大大有益于我的精神状态，觉得很值得记下。

我和这医生用英语交谈，不久便被看守察觉，报告了所长。所长把我叫去，问我和那外国人谈些什么，我据实相告。他警告我说，按看守所的规则，在押犯不准许用外语交谈，并命我不许再用英语和他谈话。因为了解我和他素不相识，而且他的问题不是政治性质，并不严重，因此只叫我写了一份检讨书，自认错误，并没有给我处分。当时大逮捕大镇压还未开始，对监规的执行还不太严格，对我也就不再追究。过不多久那医生便被释放了。

久久不来提审使我非常纳闷，我盼望我的问题能早日解决，至于怎样处理，也由不得我，只有听天由命。过去一年多在工作时与党员、干部、积极分子相处中，已深知他们是怎样一种人，怎样处世行事。出于表现对共产党的忠诚，出于投机，出于伪装积极，也可能出于左倾的意识形态和信仰，不顾真理，不讲人情，只讲立场和服从命令听指挥，把言论自由甚至思想自由都视为不应有甚至非法的行为，唯有以上级的意旨和指示作为行动的纲领和准则。即使有人有正义感、同情心，也就是俗话所谓的良心，也决不敢表达出来，只有深深地埋在心中。

我既然以反革命匪特罪被捕，凡认识我的人，即使是深知我的至亲好友，没有一个人敢对我表同情，敢为我辩解，否则就是站在反动立场，就会被株连，就会以同情反革命分子或包庇反革命分子论罪。沾上这种"污点"，将永无翻身之日，除非政权更迭。综合上述原因，所有党员、干部、工作人员以至积极分子都一边倒，按当时的逻辑，不倒向左便是倒向右，中间路线是不存在的。结果是没有人敢主持正义，主持公道。

何况一个政治犯罪行的大小，既没有公认的或公正的法律作依据，又没有一定的标准来衡量。审判人员可随心所欲地判犯人徒刑，无期以至死刑，但判无罪释放是从未听说过。审判员中没有人敢做此决定，原则甚至可说是"只能捉不能放，只能偏重不能偏轻，错捉错判，不成问题，轻放轻判，那末当事的办案人和审判人员便要以偏袒犯人或失职论罪。"这些情况是在我被监禁和判刑前后较长一段时间中，根据所见所闻而领悟到的。

在看守所中也不知过了多少天。监房中是见不到阳光的，白天阴暗，夜里昏黑，再加屋小人多，空气不流畅，关押在里面，苦不堪言。有一天忽然外面开始放鞭炮，监内人知道是过春节了。上面已提到，在被捕前不久我曾去过家乡一趟，住了几天返回上海市。临行时曾对双亲说我在春节前一定回去，一起过春节。这一诺言不能实现了。他们可能还不知道我已被捕入狱，等我不来，又无消息，一定非常着急。而且我还准备筹划些钱给他们，现在落空了。我家自抗日战争爆发以来，景况一向不好，解放后更为困难，几至朝不保夕，断绝了接济，生活难以维持。这使我忧心如焚，没想到过去在小说里、故事里读到的凄惨情景，现在竟在我的生命中出现。

就在这些日子里，看守所中的在押犯愈来愈多，调进调出也愈来愈频繁，其中以反革命犯占绝大多数。有几个人是在办了反动党团登记以后被捕的。据说凡属国民党员、国民党外围的反动政党党员和三青团团员以及曾在反动政府任过公职的人员都要登记，交待各人的职务和反革命活动等等。只要彻底坦白，交待清楚，便可放下包袱，免予追究。可是没有去登记倒没事，一去登记便被抓进来了。罪名是"登记不诚"或"避重就轻"或"蒙混过关"等等。这时报纸上公布了"惩治反革命条例"，接着就是大逮捕，一夜之间捉了数以万计的反革命分子。捉进看守所的人因此更多，人满为患。

小小的监室几无立足之地，臭气熏人。室内仅有一个大便桶，远不够应用。早晨打起床铃后，大小便要排队等候。满了一桶后须由犯人抬出去倒了才能继续供人大小便。等候的时间太久，憋的实在难受，我有几次几乎失禁。这在名义上算不上体刑，实际上苦不堪言，难熬程度恐怕不亚于体刑。夜里睡觉时，因每人躺下所占面积更大，更是磨肩擦背，不易容身，双腿也不能伸直，只能曲身缩作一团，大家挤在一起，情况有如猪圈。伙食初时虽粗劣还能吃得下去，后来米饭竟是夹生，又带泥沙，不堪入咽。在这样的日子里，我一天天消瘦下来，摸到身上的肋骨渐渐突起，身体感到疲乏，头感到晕眩。我天天盼望再来提审，以便早日定案，不管死活，早日脱离困境。

欲加之罪

就这样盼着盼着，眼看着比我后进来的人很多陆续调出，去向不明。但我却仍然不动，心中焦急。又不知挨过了多少日子，一天中午开饭后，一名看守忽然来叫我的名字，传我去提审。我听到后心直跳，并不是由于害怕，而是由于兴奋，心想这下可有变动的希望了。穷则思变真是常情。我被叫出去后，由一名公安人员押我走出监房，进入走廊，然后出一道铁门到院子中。那天天气晴朗，阳光灿烂。我因久居在昏暗中，突然走到阳光下感到刺眼。抬头一看院子里的树已发出嫩芽，枝头小鸟不断鸣啾，一片初春景象。我被捕时是春节前不久，现在想来早已开春了。

这次提审在一间像是客厅的房间中进行，大概是由于提审人次太多，审讯室和办公室已不够应用。提审人员仍是前次那人，另有记录员一人同在。二人表情严肃冷漠。提审的内容除以前追问过的事情又增加几项莫名其妙的事，问我有没有和台湾通过密码无线电，说我有计划参加太湖一带国民党军队残部，一起打游击战攻击解放军，进行反共反政府活动等等。

他们提出这类毫无根据的问题，表面看来只觉得荒谬，其实用意中含有杀机，因为这些罪名可作为判处死刑的依据。而且用"匪特"案由逮捕和法办反革命分子可说是无往不利。家属和至亲好友听说你是匪特，只有瞠目结舌，惊恐而不敢说你不是，很可能怀疑你真是。从事特务活动的人本来就是极端保密的，即对家人也守口如瓶，不露形迹。如果扣上现行特务活动的罪名，那么处以极刑，便是"罪有应得"。在当时的局势下，这种情况决不是言过其实，更不是危言耸听。

我当时自忖在劫难逃，从而不存在侥幸心理，这样反而使我壮起胆来，侃然辩护。

我说："你们问我和台湾通过密电没有？请问通密电要有电台，我没有电台用什么工具去和台湾通密电？我住在集体宿舍，一间房间住很多人，整天整夜还有工友看守房间，我有可能私藏电台和秘密通电吗？你们又说我想要去加入国民党残余部队，在太湖一带打游击，进攻人民解放军。那么以前认定我要赴港投匪的罪行是否还成立？我只有一个身体，分身乏术，要去香港不可能去打游击，二者一在国内一在国外，我怎能一个人同时在两地进行活动？"

经我这样一辩驳，他们一时不能作答复，哑口无言，继而恼羞成怒，厉声说：

"你是人民的死敌，我们说你想要干这，又想要干那，并不矛盾，你是什么坏事都想干。我们苦口婆心要你坦白交待，努力自救，争取宽大处理。共产党的政策一贯是坦白从宽，抗拒从严。你现在一味狡辩，就是在抗拒，死路一条。"

这"死路一条"似乎有两种含义：其一是走向死亡；其二是此路不通。我也辨别不出是哪一含义。他们这种话听来可怕，却并不是恫吓，而是实情。我虽明知我的态度对自己不利，可是在愤怒之下失去克制，并非勇敢和无畏。双方舌战至此暂告一段落，然而提审还并未结束。关于我企图赴港投匪和收听"美国之音"、造谣等问题上，又重复和我纠缠，不厌其烦地追问细节。我一再说明我并不要去台湾，而是要去联合国善后救济总署。该署在亚洲的负责人以前是燕京大学经济系的美籍教授，我曾听过他的课，认识他，想通过他的关系进入该署，据知已有几名燕大毕业生在他那里工作。我又说明联合国是世界性的和平机构，不是反动组织，我想到那里工作决不能视作投敌和犯罪。而且我是为了求职谋生，更谈不上反革命活动。至于收听"美国之音"，我也认识不到有罪，政府那时还未明令禁止。关于说我造谣，我只是在谈话中偶尔提到美国电台的报导，并非我无中生有的造谣。

提审员听了我所说的话，按捺不住，拍案厉声说："这样说来你一点罪也没有，是我们抓错你了。你们知识分子确实狡猾，没有理会辩出个理。就算你想逃往联合国，联合国在哪儿？不是在美国纽约吗？美国在朝鲜和我国作战，是我们的敌人。你想去美国不是投敌是什么？你说收听'美国之音'不是犯罪，美国是敌国，'美国之音'是敌台，尽播不利于我国的宣传和谣言。你非但收听而且传播，替敌人作宣传，作他的爪牙，这种危害性你不是认识不到，而是甘心与人民为敌，想挖中华人民共和国的墙角，想推翻共产党的统治。"

在当时抗美援朝的战争时期，这些话足以置我于死地。对他们来说我是死有余辜。在这样的形势下我当然也体会到这些话的分量，同时也醒悟到为自己辩解毫无用处，反而加深冲突，加深矛盾。本来或可逃得一命，但如继续"抗拒"，不但无济于事，且有受体刑的危险。死虽不足惧，可是受刑是难堪的。想到这点，心中害怕，只有默不作声，不敢再反驳，一切听天由命。本来自己已是瓮中之鳖，处于任人宰割的境地，挣扎或抵抗都是徒劳。

这次提审进行了整个下午，从中午起一直到晚饭。提到的问题很多。提审将结束时，提审员拿起桌上的一大叠材料向我一扬说：

"你看这些都是关于你的材料。共产党人做事最讲认真。我们不惜人力物力，把你的反动经历和反革命活动调查得一清二楚，都有人证、物证、时间、地点。现在的问题不是怕你不肯坦白交待，一切材料都已掌握，你是抵赖不掉的，而是看你是否相信党，相信政府，有悔改表现，主动坦白交待，检举揭发，努力自救，争取宽大处理。"

听到这一套教条，我一阵恶心，可是不敢吭声，低头不语。提审员见我不作声，或许以为我已接受了他的意见，有了悔改之心。也可能他自己也感到疲倦，无意继续纠缠，于是对我说：

"今天就到这里。你回去好好想想，作一番思想斗争，把你的所有反动经历和反革命罪行完全彻底地坦白交待，你才能放下思想包袱，争取宽大处理。好啦，就到这儿，过几天再来叫你，现在你回去吧。"

他说完后打铃叫来警卫把我带回监房。这时已是掌灯时分，院子里已经昏暗。回到监房，晚饭已经开过。同监的人代我留下了一铝盒的饭，上面有几片咸菜。我虽久未进食，可是心烦意乱，吃了几口便吃不下去，心想，盼望多日的提审，本想借以搞清我的问题，早日结案，不料节外生枝。提审中除了以前提过的几个问题，如企图去港转去联合国善后经济总署、收听"美国之音"、造谣、在何时何地同何人谈外国电台关于当时朝鲜战争的报道、在何时何地同何人讲过攻击共产党和人民政府的言论等等之外，又出乎意外无中生有地增多几项莫须有的罪名。用意何在，不言而喻，无非是要加重我的罪名，从严惩处。

在这种情况下，辩驳是毫无用处的。由于与我遭此同样命运的人不计其数，所以对当权者和办案人来讲，可谓司空见惯，不足为奇。在这次提审后，看来我的问题比预料的要复杂得多，不是容易解决的，因此忧心忡忡，坐卧不安。这种精神上的折磨是我有生以来从未经历过的，恐怕也不是有法纪有人权的民主国家的人民所能想象的。

车站路看守所

　　那次提审以后，我仍被关入令人难熬的监房。自己感到身体日渐虚弱，摸着自己的身体感到瘦下来了，面貌有何变化，因无镜子可照，不得而知。伙食粗劣，空气污浊，室内潮湿，不见阳光。夜里睡不好觉，白天整日呆坐，无走动的余地，再加思想上的忧虑和伤感，夹杂着恐怖，在这样的处境下，健康状况不可能不恶化。就这样又不知熬过了多少个整夜，监房中的犯人调入调出更频繁了，到后来是入少出多，监房中拥挤程度有所减缓，什么原因不得而知。猜测是被捕的人数减少了，其实是因为一部分被捕的人不经由公安局看守所，而是直接送到监狱。这情况是我在转押到那里后才知道的。

　　在看守所中的在押反革命犯，一般只拘留一星期左右便被调走，至多也不超过半个月，而我却被扣押了将近两个月，使我越来越烦躁不安。想来是由于我的案情复杂和严重，因此心情极度恶劣，度日如年。

　　有一天阴雨，我正昏昏欲睡，一名看守忽来喊我：

　　"某某某，醒醒！今天你要调走了，赶快把你的东西收拾一下，打好铺盖，

　　等一下来叫你。"

　　"调我到哪里？"

　　"到了那儿你就知道了。"

　　他不肯告诉我要调到什么地方使我很疑虑，但是不管是好是歹，能有变动，能调离当前的苦海，多少把我从沉闷不安中暂时解脱出

来。过了约摸一小时，果然来叫我了，命我拿着自己的东西走出刚打开的监房铁门。我所有的东西虽不多，除铺盖中一条薄棉被、一条毯子外只有一只大搪瓷杯和牙膏牙刷毛巾之类，总共不过二十来斤，可是由于身体虚弱，拿起来也觉费劲。这些东西都是在我被捕后，看守所派人到我宿舍中取来的，我的其它东西和一些钱不知下落了。我所最关心的是两张大学毕业证书，一张是中文的，一张是英文的，是不久前从家中整理出来的，准备在国外证明学历之用，也不知去向。

在催促声中，我被戴上手铐，登上一辆黑色警车，车上除司机和一名押送我的公安人员外只有我一个人。与一般一车押送许多人的情况截然不同，原因何在我至今不明。车门一关上，车厢中一片漆黑，随后听到发动机开始转动，车子慢慢地开动，开往哪儿不得而知。我心中纳闷，为什么这次一辆车专为押送我一个人，想来情况不妙。

车子走了相当久，忽然一个急转弯便停了下来。车门打开了，只见是一片广场，约有一个足球场大，空荡荡不见人影。此时天色已晚，看不清四周情景。公安人员命我下车，押我走到广场尽头。迎面一座砖木结构的老式楼房，有三四层高。大门内外有好几个公安武装人员把守。进了大门是一道走廊，直通一长方形大厅，大厅很大很高，二楼和三楼监房外的走廊即围绕大厅上空。在大厅底层仰视，即可通过走廊的栏杆看到各监房的门。整座楼内的门柱子和地板都漆成鲜红色，与白色的墙壁成强烈的对照。大厅四周、楼梯处、走廊四周，到处是武装人员，手持长枪或短枪，如临大敌，充满恐怖气氛。我被押到楼梯旁的房间中，室内已有几十名犯人成列坐在地上，低头不语，因此人虽多却鸦雀无声，一片死寂。室内一名干部口气严厉，面带怒容，命我依次坐在后排末尾，低下头，不许东张西望。随后，进来了几名干部，带着文件夹，先是点名，然后厉声说：

"你们知道这里是什么地方吗？这里是华东地区关押反革命犯的最高机关车站路看守所。你们都是罪大恶极的反革命分子，是人民的敌人。你们要知道共产党和人民解放军是无比强大的，群众的眼睛

第二章　监禁和审讯

是雪亮的，你们为非作歹逃不出人民的法网。现在被逮捕了，就必须在此老老实实地交代问题，努力自救，争取宽大处理。坦白从宽，抗拒从严，立功赎罪，立大功受奖是政府一贯的政策。你们如果执迷不悟，坚决与人民为敌，死路一条。"

这类话我已听过多少遍了，所以思想上也没有特殊的反应。训话完毕，我们二十来人便被押到楼上，顺序关入监房，每间关进一人。我被关在二楼的一间监房中，面积约二十平方米，白色墙，红色地板，红色门。门对面墙的顶端有一小窗，离地有三公尺，从中可见天空和透入光线。房间左边的墙上，顶端有一小空隙，其中有一盏电灯，原来是和隔壁的房间合用一盏灯。室内已有二十来人，每人平均所占面积约一平方公尺，情况比公安局看守所稍好一些，夜里睡觉还能伸直腿。墙角有一木制大便桶，早晨起身后和晚上临睡前，大小便也要排队等候，这是生活中最烦人的事，只有默默忍受。

这看守所既被告知是关押反革命分子的最高机关，它的严厉和可怕可想而知。共产党是不用政治犯这一名称的，唯恐政治犯这名称会提高反革命犯的身份。后来我在不断的调动中接触了无数的犯人，得到了很多信息，才知道关押到这里来的犯人，绝大多数被判死刑或无期，判有期徒刑只占少数。有极个别因错捕而释放，称为"教育释放"，表示是由于罪行轻微而不是错捕。因此深知内情的人们有这样的说法：一旦被关到这个看守所，一半性命没有了。

这看守所的纪律极严，没有人敢违犯，否则就会因抗拒而自趋绝路。这里的主要任务是搞清犯人的罪行，调查和逼供双管齐下。一方面派人各处找罪证，一方面用鼓励、恐吓、欺骗、精神折磨以至体刑来逼使犯人招供和检举，提审日夜不息。有时夜半提审，乘人不备，不易伪供。有的人加上镣铐，关入重刑犯牢房，内中情况不得而知，因为这类犯人后来几乎都被处死，不可能把情况传出来。

监规详尽，条目繁多，我现在所能记得的有：不准低声交谈，交头接耳；不准互谈各自的案情；不准互报外界的事，尤其是国际形势和朝鲜战争。有文化的人除坦白交代本人的经历和犯罪事实外，还要代替没有文化或文化不高的犯人代写坦白材料，我便是被定为干这差使者之一。这是一种很不容易干的工作，凡是反革命特务犯人的情况大多很复杂，过程很周折，牵涉面很广，再加有一些闽、粤、徽、滇等省人，普通话不会说或说不好，替他们代写坦白材料更为困难。我在这看守所中除搞自己的问题外，这项工作做了不少。监房中光线不足，每天在黯淡灯光下写材料，日子一多以至两眼发炎红肿，早晨起身后，两眼被眼粪糊住，睁不开眼。我不得不勉为其难，以对处理本人问题时有利。

看守所里，犯人要轮流值日，值日的事除抬马桶外都不是重活，但因人数多时间紧，也非常紧张。倒马桶的任务确是一种苦差事。那马桶很大很高，坐在上面两脚悬空不能着地。为了要容纳几十人一整天一整夜的大小便不得不这样大。每天清早都是满满一桶，抬起来非常重而且脚步要很稳，否则粪水要泼出，体力差些的人是很难胜任的。如果把马桶倒翻那将闯出大祸，因为所有被褥衣服碗筷和其它用品全都放在地板上。好在我被监禁的时期内，监房中未曾发生这一灾祸。

我被关入看守所监房后，只调过一次监房。每天起身到睡觉，除两餐以外全部时间都用在紧张的学习上。所谓学习就是上大课、讲政策、宣读文件、公布条例等，多数是通过扩音器传达，少数是集合后开大会传达；开斗争会，有大会斗争，小组斗争，以贯彻启发教育和互相帮助的作用；再者就是提审和写材料等等。所有这一切都是为了促使犯人坦白交代和检举揭发，达到据以定案这一目的。

每间监房有学习小组长一人，掌握学习，保管学习文件和坦白交待检举揭发材料。这小组长到底是什么身份，谁也不清楚。据他自己说也是犯人，可是他绝不谈本人的事，使人怀疑他是个暗派的干部，但谁也不敢问。他有极大的权威，领导小组的干部似乎很信任他，因此大家都怕他。他发号施令，颐指气使，甚至处罚人，没有人敢违抗。

我从公安局看守所调到此地，细节上虽有不同，但总的来讲不外乎逼供和诱供，而后者更富于恐怖气氛。在此经常听到脚镣锒铛和押送犯人的警车呼啸声，据说那是押送犯人到江湾刑场执行枪决的。

有一天晚上我的监房中新关进来一个犯人，学习时分派他坐在我旁边。这人很年轻，二十多岁，身强力壮。相处几天后彼此稍熟，我暗下低声问他是干什么的？什么事被捕？他起初不答，继而用右手食指弯了两下。我不懂他的意思，又不便追问，因为这是犯监规的，如被别人听到了检举，是要招祸的。我俩的低声问答是趁开饭前后、初起床后、临睡前，室内乱哄哄的时候。后来在开饭时，分饭分开水大家在忙乱中他才极小声地告诉我，他是公安队员，驻扎在江湾刑场，任务是枪决死刑犯。我听了一惊，原来他是刽子手，我这才明白他先前用右手食指弯几下是表示开枪的动作。至于他为什么被捕入狱，话太长不便细问。我只问了被他枪决的人多不多，他只点了一下头便不再作声。

学习小组长曾说："你们出去有三种车可坐，一种是三轮车，那是回家；一种是黑色警车，那是押送到监狱判徒刑；再一种是红色警车，那是押送江湾刑场执行枪决。你们务必要相信政府，彻底坦白交待，检举揭发，努力自救，争取坐上三轮车，至少也要争取坐上黑色警车，虽被判刑还有生路，还有前途。千万不要弄到坐上红色警车，落得可悲可耻的下场。"

由此可见，那刽子手所说证明了小组长的话不是在吓人，而是事实。从每天上下午两次警车呼啸声，从监房中不断押进押出人数之多，再从那刽子手所透露的来看，被枪决的人决不在少数，这情况在我这样一个还在侦查审讯阶段的未决犯的精神上投下了阴影。

定案

  我被关入看守所以后,除了去大厅听大课和被叫去谈话了解我的情况外,并没有正式提审。可是有些人却天天提审,有的人甚至在半夜里被叫去提审。目的不外是乘被提审人在瞌睡朦胧中不易编造谎言,不能自圆其说,易出破绽,从而侦破案情。这一办法据说对案情复杂而且不肯吐真情的犯人经常使用。据我猜测凡是案情严重复杂、同犯多、牵连广、对问题不易搞清的人提审就频繁。以我而言,案情既简单又无同犯,因此提审就少。但是罪行大小,判刑轻重却并非与此有必然的联系。不来叫我去提审总是使我焦急不安,尤其是天天过着那样恐怖难熬的日子。

  就这样不知过了多少天,有一天终于来叫我的番号,去提审了,我既高兴又紧张和恐慌,带着这种复杂心情去过这一难关。

  提审是在一间很小的房间中进行的,除提审员和我本人外别无他人。提审员提出的问题与公安局看守所中的提出的问题,内容几乎全部相同,不过是老戏重演一遍。最后提审员却提出了一个新问题使我很吃惊,他问我是否阴谋拉拢落后分子组织反动组织?这下可把我弄懵了,有如一个晴天霹雳,猝不及防,一时竟不知说什么。

  我在气愤之下激动地反问:"说我企图搞反动组织,更是无稽之谈,我既出国怎能想要留在国内搞这项活动?再说既要搞组织必须有同伴,同伴是谁?在哪儿?我一个人是搞不成组织的。你们凭空提出这种毫无根据的问题,到底是什么意思?"

  车站路看守所的提审员是专对付反革命犯的,要比公安局看守所的提审员严厉得多,所以表情冷酷,好像有绝对权威,不容犯人置辩或反问,对我敢于反问感到惊奇。于是又反问我:

  "你怎么知道我们没有根据?我们是根据对你的揭发材料来审问你的。你对什么人说过什么话,你打算怎样进行活动,都有人证物证、时间地点，你想抵赖得了么？即使你不说我们也已知道得很清楚，来问你是提示你一下，看你坦白不坦白，有没有认罪的表现。你认为你不坦白不承认便不能判你吗？现在是人民的法律，以事实为依据，没有口供也照样判你。"

在这种情况下我虽明知被诬陷，却申辩不清，且恐当时会愈辩愈糟。

提审员见我不吭声便说："你回去好好考虑，作思想斗争，限三天内把详细情况一丝不漏地写出来。你如果不照办，后悔莫及。"

就这样又把我押回监房，这时我心理上的压力更大了。我自幼身体健壮，情绪稳定，可是经过逮捕后长时间的折磨，身体顶不住了。这次提审后回到监房，不思饮食，夜不成寐。继而头痛发烧，病倒了。三天期限已过，我的材料还未交出，心中又着急，学习小组长奉命向我催交材料，见我躺倒不能起身，只好放宽期限。我昏昏沉沉地躺了许多天，并服了一些成药，渐渐退烧，又继续休息了几天。所谓休息就是获准躺在墙角，免予正襟危坐地参加学习，免予列队去听大课，免予参加斗争会。轮到当值日，生活上的杂事如领饭领开水、分饭分开水、倒马桶、擦地板门壁等等也可轮空。

在我身体稍为恢复后，学习小组长传达上面命令，要我在两天以内交坦白材料，决不再放宽。我为这件事思想激烈斗争。我想如果顺从他们的意见，承认我曾有过搞反动组织的企图，从而避免了所谓抗拒，避免了正面冲突，情况可能会好一些，而且只有企图而没有具体行动，不致构成严重罪行，可能得到从轻处理。

但是继而一想，对这样严重的问题我不能默认，不能自己诬陷自己，不能把自己没有干过的事承认下来，使虚构成为事实，而且与共产党对立的组织是共产党最忌讳最痛恨的事。我隐约记得学习过这方面的材料，号召加强对反动组织的苗头的警惕，要消灭它在萌芽时期。我如不把这一类的罪行坚决否认，很有性命危险。再说如承认了，那末伪造事实来诬陷我的人就会因功受奖，更为得意，并因此获得更大的信任，从而进一步搞陷害人的勾当来损人利己，这是最令人难忍和痛恨的事。

　　考虑到这些，我便动笔写材料，据理力争，不屈于当时形势。我所持的反驳理由很简单，就是说以前多次提审中已把我企图赴香港转去联合国的罪行确定，我本人也已承认，这件事就已定案了。现在却又说我企图搞反动组织，那末前者与后者是互相矛盾的，我分身乏术，要从事前者就不可能从事后者，反之亦然。你们对揭发材料应详加调查核实，不能偏听偏信，不能以此为依据来进行逼供。我匆匆写完这份材料，填上番号姓名，打上指印就交了，后果如何听天由命吧。交上材料后我难免忐忑不安，生恐这材料招致灾祸，可是出乎意料之外，一连多日没有来叫我。

　　有一天下午公安人员又来叫我了。穿堂过户，经过几道周折，把我带到一排平房前。经这次走动看到这个看守所规模宏大，楼房平房很多，事实上是一所大监狱，只称为看守所恐怕是因为关押的都是未决犯。一排排的平房前都有公安部队站岗，气氛森严。我被带到一间平房，屋前也有公安部队看守。屋内陈设简单，只有正中一张桌子，两张椅子，桌子对面离开约四公尺有一张椅子。桌子正中坐着一人看来是提审员，旁边坐着一人看来是记录员。我便坐在桌子对面的椅子上，双手被手铐铐在椅子扶手上。屋中只此三人，公安人员已退出门外。审问开始，先是照例问姓名年龄籍贯等，然后问个人经历和"罪行"。我便一一如实作答，但关于"罪行"，我只述事实，思想上不认为是罪行，并且有的我承认，没有的我依然据理反驳，坚决不承认。这些事已经炒冷饭炒过多少次，我已讲得十分厌倦了。不知是什么原因提审员也并不多追究，对我的反驳不置辩，只是冷漠地不厌其详询问动机、经过等细节。

　　这样他问我答进行了约二小时多，见到窗外天色渐暗，估计已到晚饭时刻，提审员好像想要结束，冷场了一会儿，可是又继续提了一些问题，是我料想不到的，也想不出与我的案情有什么关系。记得其中有一则问我某月某日和某人一起去逛吴淞口，有没有这回事？目的是什么？诸如此类，这种问题据我看来是毫不相干的事，问此究竟有什么用意，莫明其妙。

提审完后，把我松铐，叫我看记录并在每页上盖指印。我一看记录一大叠，约有七八页之多。前两页是姓名番号年龄籍贯出身和学历经历等，其后便是提审内容，是用一问一答形式记录的。有很多处所问没有记全，所答更没有记全，甚至在答字下面完全是空白。我随手翻了一下也未细看，便问：

"记都没有记全，这样多的空白就叫我盖指印，承认是我的口供？"

他二人面面相觑，不能作答，一声不吭。我继续把记录看了一下，凡是记下来的还没有出入。这记录员是个男青年，不足二十岁，文化程度想来也不会高，叫他担任这种繁重的记录工作，当然不能胜任。我心想在没有法纪没有人权的情况下，他们想把你怎样就可把你怎样，即使记录记全了，对我又有什么好处？反正这条命已掌握在人家手中，随它去吧，空白处随他们去填写吧。如果要求把记录记全又不知要费多少口舌和精神。当时我身体虚弱，精神已濒临崩溃，实在不愿再多周折，于是一言不发，毫不犹豫地迅速地在我的姓名下面盖上指印。

他俩看了看又说："页与页的骑缝处也要盖指印。"

我心想记录记不全，要人盖手印却这样认真，真是可笑。我不置一词，完全照办。他俩对我的爽快盖指印又不多事责问记录不全似乎很满意。

我由于理直气壮，心不虚，便问还有什么事要问现在就问，省得再来叫我。提审员想了想后说："目前没有了，你先回去吧！"

于是我又被带回监房，当时已到开晚饭时刻。看来这次提审可能是定案，因为以前提审没有记录员作记录，也没有叫我盖指印。果然以后没有再来叫我。

红色警车

　　天气渐暖，监房内人多，又没有洗澡，人人散发出汗气，愈来愈臭，空气污浊不堪。监房中无日历，又无报纸，也不知过了多少日子。一天午饭后，公安人员突然来叫我的番号和姓名，通知收拾东西要调走。

　　我一向比较镇静，不会慌张，但此刻也紧张起来。因为同室犯人中有一句口头禅，"调出监牢，性命难保。"我虽不尽信，但这句话对我的思想多少发生了影响，此刻心中慌乱，不知所措。

　　同室的犯人见我发呆，催促我：

　　"你还不赶快收拾行李，不一会儿就要押你走了。"

　　他们由于同病相怜，富于互助精神，七手八脚地帮助我打铺盖，捆东西，并在我的铺盖中塞了很多肥皂和手纸。

　　刚收拾完毕，公安人员便开门来叫我出去。我艰难地背起铺盖，提起捆好的脸盆杂物，走出监房。

　　临出门时我回头向同室的犯人说了一声：

　　"再见。"

　　他们也对我说了一声："再见。"

　　其实这"再见"意味着今生彼此永远不会"再见"了。

　　我被押出监房后，被押到楼下一间大厅。厅中已有一百多犯人排成纵队坐在地上，全都低头弯腰，不敢交谈，更不敢东张西望。我因后到，坐在最后，不易引起注意，略抬头可以看见二楼走廊上武装人员持枪环立，注视着楼下大厅中的犯人。大厅前端有一张长案，上面堆放着一包包的东西，大小不等。有好多干部在叫名发放这些东西。我因坐得远，看不清是什么东西。等到叫我名字前去领东西，打开小包一看，才知道是我在公安局看守所被捕时收去的手表和一些钱。那时是几十万元，折合币制改革后的几十元。发还我这些东西使我心中一宽,以为可能要放我出去,但按形势来看,又不像有这样的好事。

果然,听到发给另一犯人东西时,有一干部拿了一个打火机,问另一干部:"这东西能不能发还给他?"

另一干部说:

"不能发还给他,我们另立清单,一起直接移交给他们。"

从这段交谈中可以听出被放出去是不可能的,否则打火机为什么不能发还?又说是另立清单一起移交给他们,可见是把犯人转押到另一地方。我的幻想一下子被扑灭。

东西发完后,为首的干部命令大家起立,两人一对地连铐起来。这样一来,犯人拿起各自的行李更为困难。大家排成四人纵队,蹒跚地走出大楼大门。广场上布满了武装部队,还停着许多红色大警车、吉普车、摩托车。犯人们便从武装部队手持冲锋枪的枪口前穿过,登上红色大警车。我心中一惊,监房的学习组长曾说过:千万不要弄到坐上红色警车,那是押犯人去刑场的。难道我真的就被送去刑场吗?依我看我的问题还未弄清楚,就这样被处决吗?

自被捕以来,可能被处决的思想时时在脑海中盘旋,时间一久有些麻痹了。可是我自忖一生从未干过坏事,从不损人利己,从未犯过法,一向以法纪和道德约束自己,而且从未参加过政治党派,从未从事政治活动,想不到而今竟会以政治上的罪名死于非命。这对家人,尤其是年迈的父母将是多么大的打击,这确使我悲恸之极。如果思想上没有牵挂,没有因冤屈而愤慨,一死本不足道。

登上红色警车后,车厢后门即被扣上,车厢中顿时一片漆黑。等了一会儿,眼睛对黑暗渐渐适应,略能看见东西和人形。车厢后门上端有几道透气细缝,稍有一些微弱的光线透入。我正好坐后面最末一个,便把发还的手表从口袋中掏出,戴在手腕上。表已久停,我等车子开动后,立即拧上发条,手表开始走起来,我把指针拨到一个正点,目的是为了想知道车子走多少时间到达目的地。如果车子走了超过半小时,那就是到刑场。因为市内各地间的距离,一般都是在汽车行走半小时之内,只是江湾刑场离得很远。

车子走了二十分钟,感觉到车子走上坡又走下坡,那肯定是过一座桥。因为全市车子走不到有上下坡的地点,而且这座桥正是开往刑场的必经之路。从此地开始,再走半小时便可抵达刑场。可是出乎意料,车子过了桥才走了五分钟便停了下来,这不是刑场,刑场没有那样近。随后听到沉重的铁门开动声,这不是刑场,刑场是没有大铁门的。

车厢中见多识广的犯人在轻声说:

"提篮桥监狱到了。"

第三章 提篮桥监狱

窗外的枪声

一进监狱,所见的情景给人的印象与看守所很不同。后者布满了公安部队,气象森严,声势吓人,而监狱内见不到公安部队,里面的干部和工作人员对犯人也并不很严厉。犯人们可以互相低声交谈,也可向四周观看,没有人来禁止,气氛比较缓和。可是从建筑物的空隙中可以看到监狱的大围墙十分坚固,高达五米以上,墙头还有电网。所有监房都是六七层的钢骨水泥大楼。除监狱大门外,每座楼进口处,每层楼的楼梯口,每间监房都有圆钢条门。每座门安装了特殊的锁,须用钥匙转动三下才能开锁,要想撬开是不可能的。在如此坚固严密的防范下,逃跑或暴动无疑是被有效地防止了。如果一间监房出事,扩散不到其他监房;一层监房出事扩散不到其他各层;一座楼出事,扩散不到其它楼。

整个监狱的监房都是极小的房间,长约二公尺,宽约一公尺半,水泥地。墙角放了一个木制便桶。按监房规定,所有的被褥衣物必须整齐地叠放在便桶对面的墙角。一间监房住三个犯人,其中两个人靠墙的一边端坐,腿不许伸直,留出另一边的墙边给另一人在一公尺的空隙上来回走动,情况如同铁笼关着的野兽。端坐和走动的三人按次序轮换,每一轮多少时间没有规定,因为没有钟表,无法掌握,只由三人自行决定。一般由走动的人做主,走累了便自动坐下,由另一人轮换。我初进去时,这样一间房住三人还不觉很挤。其后一间住进四人,在天气最热的日子里竟住进五人,挤得满身冒汗。夜里睡觉,一头二人,一头三人,挤得紧紧,肉碰肉,头碰脚,翻身都困难,恐怕猪圈里的猪睡时还比我们松动一些。

第三章 提篮桥监狱

　　为什么会有这样多的人关进来？据后来入监的犯人透露：一天夜里，全市通宵进行大逮捕，各公安分局看守所关满了人，容纳不下了，便陆续往监狱送。看守所本来是专用红色警车押送罪犯去刑场执行枪决的，后来未决犯太多了，黑色警车不够用，于是红色警车也用来押送未决犯。其实这情况在大逮捕以前已经存在，我本人也是因此被红色警车押来的。

　　关进监狱以后，除偶尔在监房中听走廊上扩音器广播党的政策、国内外形势、罪犯应有的认识以及对罪犯镇压与宽大相结合的政策以外，提审、斗争、逼供等事却都没有了。虽然自己的问题还未解决，对我的处理仍是悬案，至少使我暂时松一口气，精神上暂时比较安定，但对家人的思念和对自己的生命的顾虑却片刻不能消除。

　　天气愈来愈热，五个人整天整夜地挤在三平方公尺的小监房中，实在难受，我终于受不住，发痧病倒了。在当时情况下当然得不到好的医疗和休息，只是吃了从看守处要来的痧药水，靠着墙角昏睡。幸亏遇到重新编队和调整监房，我被调入的监房是在大楼的底层，虽很阴暗但较凉爽，我的病就慢慢好起来了。监狱当局为防止犯人久居在一起发生感情，合夥图谋不轨，所以定时编队并调整监房。这一防范措施使我有机会遇到很多各色各样的人，听到很多新闻和消息。其中有一些是我想象不到的事，很令我惊奇。当然很大一部分是关于大逮捕和镇压反革命分子的情况。因为有人是不久前才被捕的，他们知道在我入狱后外界发生的事情。对这类消息，我们又想听又怕听，对未决犯来说，是刺激和恐怖的。

　　有一次编队，我被调到监狱西侧的一座大楼。每天定时听到"嘣嘣"的声音。起初我们以为是从监狱工厂的车间中发出的声音，不在意。日子一多，发生怀疑，听起来，声音好像是枪声。可是监狱处于闹市区，按理不会有开枪的情况，而声音都是在每天上午开饭时发生，也决不是出于偶尔的事端。这究竟是什么声音？始终猜不出。

　　其后又逢编队调监房，这一回我被调到监狱最西头的一座大楼，我被关入的监房朝西在最高一层。我们刚搬进去时已近傍晚，服役犯多人正忙着把浓石灰水涂在窗户的玻璃上，不知是为了什么？不过这件事很引起我的注意，因为犯人们是处于任人割宰的境地，心理上认为四周发生的情况，都会与自己的命运有关，对于莫明其妙的事，更会产生疑惧。所有的玻璃窗被涂上石灰后，只能透光，不能透视，但都仍敞开，并未关上，想是由于天气热的原因。

到了次日上午十时左右开饭时，服役犯来关窗户，把朝西所有的窗户都关上，空气一下子闷热起来。当时午饭已经送来，每人一个扁圆形铅质饭盒的米饭，上面有一小撮咸菜，另外每人一杯开水。大家正在吃着，忽然一声巨响，有如晴天霹雳，听得出是开排枪的声音，接着是零星的枪声。正在吃饭的人突然受此一惊，饭盒几乎从手中抛掉。大家这才明白大楼西侧正在执行枪决犯人，以前还以为是从犯人工厂发出的声响。对于这座楼把玻璃窗涂上石灰的原因，大家这才恍然大悟。大约过了半小时，窗户重新打开，微风从窗外吹进，身上虽感到凉快，可是精神上受此刺激，背上了更重的包袱。从服役犯饭后收集来的空饭盒中，可看出那餐饭吃剩下饭的人不少。日子一久，大家摸着了一些规律，即早晨天未大亮时被叫出去的犯人，一出监房铁栏即被反铐，由四名公安部队人员押走，那便是近中午时被枪决的。因此在每天黎明时押走一批犯人后，监房中留下的人就说：两个铅盒又可到手了。两个铅盒是指两个饭盒，即每人一天的伙食，午前十时一次，午后五时一次。意思是又可多活一天了。这成为当时的流行话。

也不知过了多少天，窗外每天定时的枪声忽然没有了，大家精神感到一松，以为严厉镇压、大批枪决"犯人"已临近尾声，或者已告结束。要杀的多数已杀了，幸存者活命的可能增加了。其实这是妄想。据此后陆续关进来的刚被捕的知情人透露了实际情况，才知道不是那么回事。

监狱中本来是不执行死刑的，死刑都是在江湾刑场执行。由于大逮捕以后，判死刑的人愈来愈多，刑场来不及处理，再加押送犯人的车辆也不敷应用，当局于是把监狱最西边的一个院子辟作临时刑场，就近在监狱中执行死刑。新刑场围墙外是居民区,靠近围墙的楼房居民甚至可以俯瞰刑场。在监房窗子打开时,我们也可看到居民们在楼上窗户中和在阳台上活动。日子一久,围墙外的居民向监狱当局提出意见,每次执行死刑的枪声使他们心惊肉跳,恐怖不安。婴儿和小孩更是吓得不得了,甚至发生惊厥。为此请求当局停止在监狱内执行死刑。

监啸

　　大约就在这段时间,我经历了一种前所未闻的事,就是"监啸"。当时我一无所知,所以在发生时不知是"监啸"。有一夜我梦到火警,好像意识到自己是在监狱中,关在铁栏杆之内。梦见烈火即将烧身时,无法逃避,特别恐怖,于是握着铁栏杆使劲地摇,且大声呼叫,就在这时忽然惊醒了,发现自己确实是在监房站着,在摇着那丝毫不动的铁栏杆,同时是在不断地大声呼叫求救,也听到整个大楼的犯人在嚎叫,声嘶力竭,震耳欲聋,而且凄厉可怕,好似着魔。但时间很短,不一会儿声音渐渐低下来,以至消失,接着是一片死寂。随着是看守的呼叫声,命令大家躺下睡觉,谁再喊叫就要揪出来严惩。这是怎么回事?当时我莫名其妙,在惊吓之余,久久不能入眠。

　　第二天中午,典狱长宣布上大课,听广播。犯人们猜到是关于昨夜发生的事,果然不出所料。大课内容的大意是说,昨夜发生的"监啸",是在押的反革命分子制造的,目的是想借此挑起暴动。下令犯人们以每个监房为单位进行讨论,互相检举,找出各监房中谁最先带头呼叫。每个犯人要交代自己当时是什么情况和想法,为首的要主动坦白交代,知情者要检举揭发,争取从宽处理和立功受奖。讨论结果要做出详细纪录,上交核实处理。

犯人们遵照指示，以每个监房为单位进行讨论。大家神情紧张，惶惶不安，可是出事的时刻还在梦中，迷迷糊糊，谁也说不上是谁先叫喊。至于每个人对自己当时的情况和想法，也是无从说起，因为都是在似梦非梦的状态中，实在没有什么可说的，于是三言两语搪塞过关。

此后大约过了一个多星期，当局又传令听广播，传达的大意是：这次监啸是现行反革命分子企图暴动挑起的。经过深入调查，三名为首的罪犯已经查出，并已镇压。警告在押犯人必须安分守己，严守纪律监规，决不可胡思乱想，轻举妄动，否则自寻死路，政府执法严明，决不会放过一个坏人。大家听到此案已告结束，本人不致被牵连进去，心中一宽。至于那三人如何会被查出，是否属实，都不去管它了。一个人处于危急恐怖的关头，心理状态是极度混乱和自私的，对人的同情心低落。可能是因为自己受到了不公正对待以至迫害，没有人来同情的原因。因此只求自己幸免于难，不管别人死活，正义感更是谈不上了，道德观念差的人，甚至会诬陷别人来开脱自己。这种事例在"文化大革命"时期表现得最突出最普遍最明显，此是后话。

当局所谓那次"监啸"是反革命分子企图暴动而挑起的，其实是无稽之谈。后来我从一本心理学的书上看到，"监啸"还有"营啸"，是住在集体宿舍中的人，例如犯人或士兵，由于神经极度紧张引起的。"营啸"比"监啸"更可怕，士兵高声呼号之外还乱跑乱窜，甚至乱开枪。但是监狱建筑坚固，防范严密，从监房到狱外，须经过四道铁门，围墙上面有电网，四周岗塔林立，全由武装岗哨把守，又有探照灯报警器和机关枪。监房极小，只能容几个人，发挥不了群力的破坏作用，因此即使挑起"监啸"，也决引起不了暴动。当局对于已落入手掌中的"敌人"是毫不容情的，在处理上无所不用其极。

判决

　　我所久盼的判决终于到来了。我以高兴和恐惧两种截然不同、互相矛盾的心情来迎接对我命运最重要的定夺。高兴的是不论好坏，问题可以得到早日解决，不用再提心吊胆，坐立不安了。恐惧的是估计不出自己的"罪行"有多重，如不免于死，对家人的刺激和影响太大了，他们怎能承受得住。虽说在公安局看守所中遇到的德国医生曾对我说过枪毙并不痛苦，他的说法是否可靠？无从证明。也可能是在我的处境下为了安慰我。再说求生存是生物的天性，一个人终究是怕死的。

　　那天中午，天气还很热，窗外阳光灿烂。我正坐在地上打瞌睡，看守来叫我的番号和姓名，我一下子紧张起来，心跳不止，预知必有大事临头。那时监房中还有另一人也被叫了。我俩穿着短裤背心，赤着脚，被看守引到大楼底层宽敞的通道中。

　　那里已有百余人成列坐在地上，排成长队。我到得较晚，当我坐下不久，便听到前面有人在叫犯人的番号和姓名，宣判开始了。叫到的人立即站起来，由看守押着，走到通道尽头，拐入大楼的进门处。那里的情况，成排坐着的人是看不见的，说话也听不到的。叫出去的人宣判后并不回原位，径直押回监房或他处。每次叫人的间隔很短，约二分来钟，有的较久。

　　大约叫过十多人便叫到了我。我随着看守走到通道尽头，拐到大楼大门的门厅处，那里有武装人员把守。靠近楼梯设有一个大办公桌，上面堆了许多公文夹。有几个干部坐在桌子旁，命我在离桌子约三公尺处站着，喝令垂首低头。坐在正中的干部，问过我姓名、年龄、籍贯后，便宣读对我的判决。我当时精神很紧张，可是还未达到慌乱的程度。对我的判决又很简短，因此我听得很清楚。大意是说，我在解放前任反动派特务，危害人民；解放后蒙政府宽大留用，但仍不知悔改，继续与人民为敌；收听"美国之音"、造谣、企图搞反动组织、企图赴港投匪；判有期徒刑十二年；不发给判决书，不得上诉。下面签署的是解放军司令员的名字。

宣判完毕，即由看守推到楼梯口，押回监房。我回来不久，监房中一起叫去的那人也回来了。他是国民党的军人，案情不详，判了十五年。后来才知道我这一批是判有期徒刑的，间有少数判无期或死缓，总之不是判死刑。至于判死刑的犯人，估计就是凌晨交出去押走，将近中午时被枪决的那批人。是在清晨宣判，宣判后立即执行。

我既被判十二年徒刑，命总算是保住了，可是这漫长的岁月将怎样熬过？过去的两年，我还算是个公民，已过的是极为艰难的岁月，今后成了一个犯人，日子将怎样过？不堪设想。

判刑后的几天中，看守通知犯人们集中在走廊上大课，听广播。广播的大意是政府判你们徒刑是对你们的宽大，你们要认罪伏法，感激政府，转变人生观，痛改前非，重新做人。另外你们不要以为判刑是一锤定音、一成不变的，你们中间有人余罪没有交待，组织没有搞清，必须继续把余罪和组织坦白交待，彻底搞清问题，争取从宽处理，否则必定自食其果，后悔莫及。政府已掌握了你们所有的材料，你们想要蒙混过关是不可能的。现在给你们最后的机会，把自己的一切问题，毫无保留地交待清楚才是唯一的出路，切不可再犹豫等待。

判刑不久，又编队和换监房。盛暑已减威，天气凉快起来。这对我们四个人住不满四平方米的人来说真是天赐隆恩。四人中三人靠墙端坐，一人在另一边沿墙来回走动。这种方式自我入监以来一直未变，在监房格局的限制下也想不出更好的方式。就这样又过了许多天，气候更凉快了，夜里几乎冷起来，睡觉要盖棉被了，估计时令已入深秋。

有一天又上大课听广播。大意是：你们是危害国家、危害人民的犯罪分子，是人民的敌人，罪恶深重，民愤极大，本应严厉镇压，由于党和政府以宽大为怀，以治病救人为宗旨，只判你们有期徒刑，给你们机会改过自新。现在政府将进一步对你们宽大，那就是让你们去劳动改造,把你们调出监狱,有组织有纪律地从事生产和建设劳动。你们可从劳动中养成劳动生产的技能和习惯,并从中获得教育和改造,转变人生观和世界观。从不劳而获,变为自食其力。放弃反动立场,靠拢党靠拢政府,成为一个新人。这伟大的劳改政策是党和政府的创举,前所未有,全世界所未有,是革命人道主义的体现。在向你们通知这喜讯的同时,还要向你们提出警告,你们出了监狱,活动的范围大了,等于恢复了一半自由,切不可因此胡作非为,搞破坏活动,进行反革命勾当。重新犯罪,罪加一等,必受严厉惩处。法网如海,不要妄想逃得出去.

　　大家听完这广播,精神为之一振,人群中引起了轻微的骚动。这种铁窗风味实在不是好尝的,调出去劳改至少可自由一些,总比终年监禁要好过。但劳改究竟是怎么回事,不得要领。我当时的感受,我的生命好似惊涛骇浪里的一叶扁舟,随风逐波地在大海中飘航,随时有被淹没葬身鱼腹的可能,但也随时可遇到意外的获救的希望。那时据我体会,解放后中共政权在司法上建立了三项创举:一是劳动改造;二是非军事人员和非军事案件可由军事法庭来判决;三是判处死刑,缓期二年执行。至于司法的独立性却完全被剥夺,司法机构完全成为执行政策的工具。

复判

　　徒刑已判,调出劳改也已宣布,想来事已定夺,哪知又发生了一桩意想不到的事。一天中午看守来叫我和监房另一人,命我二人随他下楼到底层通道即上次等候判刑的地方,那里已有百余人成列席地而坐,情况与前次判刑时一样。我不禁一惊,心想这绝不是好事。坐下后低声问身旁的人,他说不知道,可能是复判。我不大相信,哪会刚判不久又要复判,而且期间又没有发生什么事故。但如不是复判又是什么?

不一会便开始叫人了,也还是同上次一样,叫到名的人走到通道尽头,拐入大门门厅,只叫了几个人之后便叫到了我。于是和上次一样我被押到门厅一张长书桌前,仍旧叫我垂手低头站立,看来果然是复判。接着又发生了更为意料之外的事,宣判人在书桌上翻文件,有好几分钟不对我宣判。他与几名干部低声交谈,谈些什么?因为我站的位置离他们较远,听不清楚。过了一忽儿,其中一人对旁边站着的武装人员说:"先叫他回去等。"于是又把我押回通道原处,命我坐在犯人行列的最后面。

接着犯人们又一个跟着一个地被叫走,每次间隔约两分钟,这一百多人估计须四、五个小时才能叫完。由于忐忑不安,这等待宣判的时间很不好熬。也不知坐了多久,太阳落了,阳光从通道里消失,渐渐昏暗。我穿衣不多又赤着脚,久坐水泥地上觉得冷起来,很不好受。最后终于叫到我了,事实上已是最后一个,整个通道已是空荡荡了。

也许是因为时间已晚,宣判人员已感劳累和厌烦,对我宣读判决书时,声音既低,读的又快,我当时因等候的时间太长,头脑昏昏沉沉,所以对宣读的判决书没有听得很清。可是仍能听出这次的判决书比上次的冗长,内容较多。例如我的反动经历比上次的详细,罪行除收听"美国之音"、造谣、企图搞反动组织、企图赴港投匪外又增添了诬蔑政府政策、威胁群众、攻击积极分子等项,最后的一句话"判有期徒刑十二年",是用强调的语气提高了嗓音读的。

宣判完,看守把我押回监房时晚饭已经开过,同房的人为我留下了饭盒、开水。我无心吃饭,只吃了几口,把余下的给别人吃了。同我一起叫去复判的那人早已回来了。他的情况与我一样,也是判决书内容不同,刑期不变,仍是十五年。

据他说:"复判本来是很危险的。解放战争时期和解放后初期,被捕的反革命分子,判刑都比较轻。后来复判时就加重了。原来判有期徒刑的人大多改判为无期、死缓或死刑。我们这次复判刑期照旧，不知是怎么回事。既然刑期不变又何必复判呢？"

这一情况他从何得知，我也没有问他。他是国民党的军人，文化较高，好像是个有军衔的文职人员，大学毕业，也懂英语。我想当然地认为他消息灵通，后来证明他所说的是确实的。因为不久以后监房中调来一个年轻已决犯，面目清秀，至多不过二十岁。他判决得比较早，那时还发给本人判决书，我和同房其他的人都没有发给判决书。出于好奇，问他要判决书看看判决书究竟是什么样。那青年的判决书是一式七份，因为同案犯共有七人，都是青年，每人发给一份。他们一伙是武装匪特，从浙江舟山群岛潜入大陆后被捕。为首的是一个女青年，姓张，判决书中说她以色相引诱男青年参加武装特务组织，一同潜入大陆进行反革命破坏活动。他说他们原判都是有期徒刑，复判时，这七人中前六人都判死刑，立即执行，都已枪毙了。他本人原判只有三年，经不久前复判才加重的，判十年徒刑。他的罪名是替其团伙窝藏机枪，但他并不是这组织的成员，否则恐怕也已镇压了。他说在枪毙其他六人时，他被陪绑去现场。在临刑前那女青年还和那几人相视微笑，真是十三点。又说那女青年还不足二十岁，长得很漂亮，复判死刑前是监狱文工团的成员，能歌善舞，经常参加文娱演出。

从这一案件中，可见复判要加重判刑是确实可信的。可是我们这次复判没加重，原因何在令人不解。

第四章　皖北治淮

第四章　皖北治淮

投入劳改

复判以后，惊魂略定。

监狱当局开始给已判徒刑的犯人放风。所谓放风，就是每天把犯人分批定时放出监房，到约十多公尺宽、五十多公尺长的大楼屋顶活动。四周围墙高约三公尺多，墙顶有电网，屋顶空旷无物，想是专为放风之用。屋顶的一端，有一岗亭，高出围墙，上面有武装人员看守。每次放风约半小时，犯人沿着四周围墙跑步。一开始有的人跑不动，有的人甚至走路都勉强，经过了多次放风，情况渐渐好转，对粗劣的饭食也渐觉有味，各人的精神体力都显著增加。虽说放风的目的并不是为犯人们的健康着想，然而确实有利于犯人们的健康。犯人们不久将投入劳改，而且是去远离市区车船达不到的地方，须靠长途步行。如果走不动，本人将受尽苦难和折磨，对当局也是一桩累赘的麻烦事。

在这段时间里，典狱长对各楼的犯人训过多次话，鼓励大家积极投入劳改，争取政府对大家进一步的宽大。他说刑期不是一成不变的，根据各人的表现，可以减刑以至提前释放，告诫大家不要悲观失望。大家对他所说的话也深信不疑，心情从而比较愉快。据我所知，判处长期徒刑的人，多数不致服满刑期的，尤其是政治犯服刑期的长短，伸缩性更大。因此认为投入劳改后，提早恢复自由的可能性是存在的，有了这一盼头，思想上轻松了很多。

有一天在学习的时候，下达通知，每人可写信给直系亲属，要求接济衣服鞋袜等生活用品。反革命犯自被捕以来，没有也不许和外界任何人通信，现在忽然有这一机会，大家都喜出望外。可是高兴得太早,所谓写信只不过是在油印好的表格中各项日用品名称项目下,填上各人所需要的数字,此外什么也不准写,连收信人的姓名和地址都不许自己写,须别人代写。其用意不难猜到,无非是为了防止在信中用暗语或暗号向外界通信息——政府对反革命犯的防范是滴水不漏的。

我没有直系亲属在上海市,只有老父老母在家乡,经济又极度困难,决不能写信给他俩来接济我,因此我打算不写信。然而一想,我哥哥那时可能仍在上海市,住在亲戚家,把他作为我的直系亲戚,或许通得过,于是写信给他。按我的想法,他收到后当然会转告双亲,告慰他们我未被镇压,仍在人世。可是信写之后,如石沉大海,杳无信息,心想信一定没有收到,希望成泡影了。

不料过了几天,在绝望中,忽然收到外界送给我一个包裹,里面有单衣背心袜子等物。包裹布上写有我的番号和姓名,却没有送者的具名(按规定送东西的人不许具名),字迹娟秀,似乎是女性所写,决不是我哥哥的笔迹。我把所认识的人中可能送东西给我的人,逐个地想,可是都对不上号,苦苦思索,始终想不出是谁。据知当时要送东西给犯人,须在大门口排长队,等候达五六小时之久,而且要承担与犯人有密切关系的风险。因此给我送包裹的人,虽不知是谁也不论是谁,我衷心感激,毕生不忘。那包裹布我一直珍藏,在苦难的劳改征途中,一直随身带着,不幸有一次失窃,包裹布和其他东西一起被偷去。

天气愈来愈凉,在监房中大家本来都是赤脚的,那时已顶不住了,须穿上袜子,身上也多添了衣服。窗外的树叶已变黄,估计时令已入冬。有一天晚饭后通知上大课,传达关于劳改的事情。大意是批准能去劳改的犯人,都是案情已经搞清楚、坦白交代表现好的人,名单是经过严格审核才决定下来的,能够得到这一机会是很不容易的。犯人们必须从心底里认罪服法,感谢政府,严守纪律,安心改造。在劳改中认真学习,努力劳动,彻底改造人生观和世界观,争取重做新人。现在名单已确定,队也已编好,就宣布名单和每人编入的大队、中队和小组,命令每人要仔细听,以免弄错。这次编队的人数约有一千多人。记得好像是编为两个大队,即第一大队和第二大队。

编队后过了几天,一天晚饭后,忽然下达了一个紧急通知:要每人把自己的东西立即收拾好,当夜即出发去劳改。大家一听既紧张又高兴,久盼脱离牢笼,如今总算盼到了。好在各人的东西都有限,收拾起来并不费事。不一会儿发下长布条作为捆背包之用。典狱长下令:每人只许带二十公斤的东西,多出的东西留下。有的人舍不得把东西丢下,死命地把背包打得紧,看起来小一些。其实所谓二十公斤的限度也只是个大约数,并不过秤。我的东西很简单,只有一条丝棉被、一条薄毯子、几件内衣裤、几双袜子,这些都打成一个不大的背包。另外还有饭具、毛巾、牙刷等装入一个小布袋,准备手提,这两件总共不过十多公斤。因为当时天气已冷,我的衣服不多都穿在身上了。那时我有些悲哀,别人的东西都比我多,我只有这一点点,天长日久,东西用坏了,衣服穿破了,将来怎么办?殊不知在艰苦的征途中,我的轻装却大占便宜,少吃不少苦头,否则我有被累垮以至拖死的可能。

在准备行装的混乱中约摸过了两小时,广播中宣布旅途纪律,总之是从严从细,不准这、不准那等等。又过了约一小时通知出发。人群一阵骚动,忙着背上背包,提起东西。有的人背包过重,自己背不上去,须别人帮忙。然后大家奉命按编队时所列名单,以小组为单位,在走廊上排成二人纵队,走出大楼大门。幸亏这次调动没有上手铐,否则苦头要吃得更大。

门外已停着许多大警车,大家依次登车,每辆车挤得满满的。当时已是深夜,又逢下雨,天空一片漆黑,车厢内伸手不见五指。大家窃窃私语,都在奇怪为什么要在深夜而且是雨夜出发?一会儿车子开动了,大家以为是要开到火车站,因为火车站离监狱很近。哪知车子行驶了好多时还不到,那就不是去火车站了。最后车子终于停了,下车后有人认出是邻县的车站。犯人们下警车进入站台,在昏暗的灯光中列队点名后便登车。所乘的是铁皮货车,没有窗子,只有车厢四个角上面有四个透气洞，白天从中透进一些光线，使车厢中略可分辨人物。车厢中间放了一个大木桶，作大小便之用，幸亏有盖子，不然臭气熏人。那时估计已近破晓。大家经一整天一整夜的折腾已疲惫不堪，于是卸下背包作枕头和衣而卧。虽然身上、地上满是泥水，而且挤得伸不直腿，却都睡得很熟。火车还没有开，车厢内已鼾声四起。我自然不能例外，也进入梦乡。

我在隆隆的行车声中醒来时，阳光已从车厢的透气洞中射入。光线的斜度已高，估计已是中午前后。不久车速减低，随即停下，听到车厢的铁门外开锁的声音，车门打开了，灿烂的阳光和冷空气一下子进入车厢。不但大放光明，而且把污浊的空气冲掉。大家呼吸到新鲜空气感到非常爽快，随即听到外面有人在叫各小组长到站台集合。我那车厢好像是有三个小组，每组二十多人。小组长也是犯人，是上面指定的。被叫出去的三个小组长集合后回来，传达叫大家抓紧大小便，并且马上要开饭。我乘去大便的机会活动一下，一夜弯曲着身子睡觉，腰酸腿硬，很不好受，经这活动，略感轻快。不多一会儿开饭了，各小组依次出车厢到站台上吃饭。饭是粗米饭，还有咸萝卜干和开水，萝卜干带浓厚的鱼腥味。据浙江沿海的犯人讲是腌咸鱼剩下的盐水泡的萝卜片晒成的干，是废物利用。我嫌它太腥，难以下咽，只吃很少。余下的不舍得扔掉或给别人，存在口杯内。但有的人却吃得津津有味，浙江沿海居民对腥和咸是习以为常的。

饭后继续登程。车子开得很慢，而且逢站必停，一停很久。途中开过两次饭，情况与初次相同。一直到第三天下午才到达目的地，是什么地方不得而知。只是因为火车停下，命大家下车，才知目的地已到。步行了一段泥泞的土路，虽不很长但十分难走，一双鞋沾满泥巴，提脚又重，走路又滑，这种经历我从未有过。

勉强走到一条大河边，登上有船舱的木船。河道上停靠着几十条这种木船，一字长蛇阵，颇为壮观。这些木船没有动力，也没有人来撑，是几条船连在一起用小火轮来拖。登船后每人发给两个玉米饼和咸萝卜干，但没有开水，大家吃得又咸又渴。有人想出妙招，把鞋带扎住搪瓷杯从船舱窗户外舀河水喝。我有幸也喝到了一杯，如饮甘露。

天色渐晚，开船了。船舱的门和窗都被遮严，外面的情景一点也看不到。舱内有长条硬座，大家挤坐在一起，东倒西歪，渐渐睡着。第二天一早，天还没有大亮，船靠岸了。大家在瞌睡懵懂中登岸，步行了几十公里到达江苏泗洪县的双沟镇，略事休息，继续又走了几公里，到了淮河边上，这里就是最终的目的地。

治淮工程

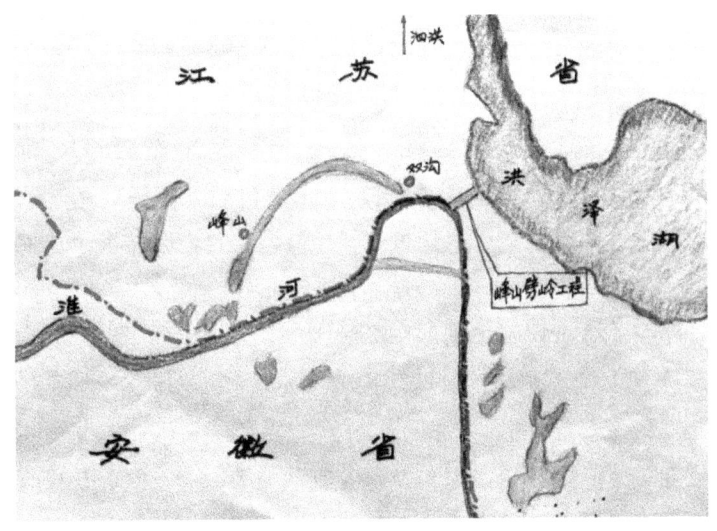

那地区是淮河与洪泽湖靠得最近的地点，二者被不到十公里的土岗隔开。犯人的任务是在二者之间开挖一条深沟，也可称为运河，把二者沟通。土岗虽只高二十多公尺，但是因为要从地平面起往下挖二十多公尺，因此从土岗顶挖到河底共计五十多公尺。河底虽只约五十公尺宽，但因很深，上端开口则须两百多公尺宽，工程很艰巨。这项工程名为"峰山劈岭"，作用是为了沟通淮河和洪泽湖。在雨季水涨时，淮河河水可经运河泄入洪泽湖，防止泛滥，洪泽湖起蓄水池作用。这段"峰山劈岭"工程，必须在雨季前完成，时间紧迫。所以集中了据说有十多万劳改犯来从事这项抢险任务。犯人的住所是离工地约二公里处的许多Ａ字芦苇工棚。每人摊到的铺位只约三十公分宽、八十公分长，并头睡是睡不下的，只有头和脚相间睡才能勉强睡下，要不是疲惫不堪是难以入睡的。饭食粗劣自不待言，要不是饿极了是难以下咽的。

这十多万劳改犯都是从全国各地分批调来。我所属的上海第一大队一千多人，担任工程总长度约十公里中的一百多公尺。劳动力密集程度可想而知。劳动时间是一天二十四小时，分两班。头班是从中午十二时到子夜十二时，二班是从子夜十二时到次日中午十二时。除下午六时和上午六时分别为两班进餐时间外，全是劳动时间，别无休息。这在一般的看法是不合情理的，但从对待劳改犯和任务紧急的角度来看，这是理所当然的。

劳动的主要项目是挖土和运土，另外还有各种杂活。开始时我们是从顶端开挖，泥土较干燥好挖，运土是自高处住低处运，也较省力。后来愈挖愈深，运土愈运愈远，那就愈来愈费劲了。尤其是在下过几场雨之后，泥土湿了，分量加重，又粘锹粘筐，装筐倒土都很费力，走路又滑，挑担子和推斗车十分困难，大大增加了劳动强度。大家疲乏之极，苦不堪言。但是队长和指导员等干部还嫌大家不出力，进度慢，死命督促。见到挑担子和推斗车跑得慢的人大声地骂，甚至用柳条抽打，情景犹如在电影中可看到的奴隶社会。事实上劳改犯比奴隶还不如。奴隶是奴隶主的财产，对奴隶主来讲，奴隶还有一定的价值。劳改犯是人民的敌人，社会的渣滓，能利用姑且利用，否则消灭唯恐不及。

犯人们能在这样苦难和屈辱中坚持活下去，主要是想争取减刑，早日恢复自由，早日能和家人团聚。当时劳改干部一再宣称，政府要根据每人的改造表现如劳动成绩、劳动态度、靠拢政府、认罪服法等方面，分别给予加刑或减刑，表现特别好的可予提前释放。犯人住所工棚四周和工地上，到处贴满了"五月减刑""劳动中立功受奖""靠拢政府，积极争取宽大处理"之类的诱导犯人努力劳动的标语。此外还有高音喇叭播放革命歌曲和宣传队敲锣打鼓，鼓舞人心。工地上经常呈显出一幅沸腾景象。正如干部们常说的"劳动就得像个劳动的样子，应该是热火朝天，不能死气沉沉"。可是这所谓"像个劳动的样子"是以犯人们死命地干为代价的。

在渺茫的希望诱导下，犯人们就这样熬过苦难的日子。据干部讲："这项工程在雨季涨水前必须完成，不然工作将更加困难，到时候还是大家吃苦头"。

这话不假，摆在眼前的事实就是这样。一般人的心理状态都希望工程能早日结束，早日从苦难中解脱出来，于是竭尽全力地劳动，并自发地互相督促。有一些善于自我表现的人，也就是所谓"积极分子"，每当干部来到劳动现场时便没命地干，来博得干部的青睐，并大声吆喝督促别人，以示自己的积极。这类人大多身强力壮，横行霸道，大家都怕他们。这类人在监狱中和劳改队中普遍存在，这也是由于当局提倡和赞赏所致。

天气一天天暖起来，艰苦的劳动一天天在进行，河床的底逐渐加深。大约到了六月中旬，河床的深度已达十多公尺时，施工中发生一出惨剧：塌方。时间是在接近子夜两班劳改犯接替之前不久，大约在夜里十一时左右。

当时我正在挑担子运土，从河底挑上河岸装斗车后，空担往回走，忽然听到一声巨响，声音低沉，有如闷雷，抬头一看，前方约三十公尺处腾起浓烟，其实是尘土。霎时间从上面落下无数大小土块，较小土块滚到我脚背上，只擦破些皮，未受伤。同时附近工地的电灯一下子熄灭，幸亏有远处的灯光照射，四周的景象还依稀可辨。随后飞扬起来的尘土延伸过来，把我侵吞其中，便什么也看不见了，只听到人们的呼叫声，凄厉可怕。工地上本来就是高低不平，挑担子走的小道又是弯弯曲曲，再加满地土块，光线暗淡，我无法走动，只好原地站着。当夜风很大，尘土很快被刮走，才隐约看到前面堆起了大大小小的土块，大的有园桌面大。犯人们一片混乱，呼喊救人。按当时劳改犯密集的程度来看，塌方压伤的人不在少数。

　　过了不久，干部和解放军士兵提着马灯来了。在微弱的灯光下，大家用铁锹和铁镐挖土，想把压在土块下的人救出来。可是这种营救方法是没有把握的，因为不知道人压在什么地点，只是没有目标地乱挖一气。事实上也没有较好的方法，只有在边缘处还露出身体一部分的人，总算挖了出来。这次塌方，不但数量多而且落差大，在河底堆起的泥土有几公尺高，压在最下面的人，一时无法挖出来，即便没被压死也将闷死。我义不容辞，手中没有工具，只好用手来搬走土块，把已挖出来的伤者或死者和别人一起抬上河岸。我抬到一人，其实不应称"人"，应称"尸"。正好有干部提着马灯来照一下，察看他是死是活。只见满脸血污，形象怕人，七孔中好似仍在冒血。他穿着短裤衩，大腿上有一大裂口，深及骨头，是被大土块坠下时的压力压开的。

　　在一片混乱中，接班的犯人来了，我们便交班回工棚。次日早晨起身后，队长便来训话，把昨天发生的重大工伤事故轻描淡写地提了一下，只是说昨夜工地上发生塌方是由于劳改犯挖"神仙土"造成的。至于死伤多少人没有说，也没叫大家不要挖"神仙土"。所谓"神仙土"是指取土时只挖土壁下部，不挖上部，等下部挖空到一定程度时，上部的土壁悬空突出，在地心引力作用下，自动开裂落下，可省去许多挖土的劳力。这样挖目的是为了提高工效，加速工程进度，但这是违反操作规程的，因为有塌方的危险。犯人们企图省力和提高工效，挖"神仙土"是很普遍的，队部也从不制止。通常犯人们挖"神仙土"挖得不很深，土壁高度不过几公尺，塌方不致发生危险和伤人。这次挖得太深，土壁高达二十公尺，上端悬空突出，突然塌方，土块落下，压力很大，造成伤亡惨剧。队长指导员们只为工程进度着想，并不制止挖"神仙土"，对于工伤事故和犯人的死活是从不关心的。我亲身经历的这场塌方惨剧，虽时隔多年，当时的情景犹历历在目，心中犹有余悸，终生难忘。

天气很热了，时令已入盛夏。我所属的第一班调作第二班，即劳动时间调为子夜十二时至次日中午十二时。有一次上工不久，大约在凌晨二时左右，忽然刮起西北风，风势之大，实属少见，而且是凉风，这在夏季是反常现象。不久更变为冷风，吹得浑身发抖。夏天会刮起这样冷的风，我从未经历过。继而下暴雨，电光闪闪，雷声隆隆，声势吓人。岸上和河床两边斜坡上雨水倾泻下来，形成激流。由于大面积的雨水注入小面积的河底，河底积水迅速上涨。我起先躲在一个土墩上，拿箩筐盖着头，即通常意识中的避雨，等待雨停。可是雨势丝毫不减，一直在倾盆而下，不一会积水涨到了我腰际。我急了就从河坡往上爬，那知粘土淋了水非常滑，坡度又陡，爬了几步就滑下来，爬了上去，又跌入水中。那时水深已没腰。好在我会游泳，还不十分心慌，还能镇静一下头脑向四周观望，看到远处还有少数犯人像蚂蚁般地也在往上爬。但大多数人刚一下雨就走了，我因躲了一刻雨，走晚了。幸亏发现不远处的斜坡上有台阶，那里比光的斜坡好爬，但仍须用手指插入泥土中才能爬得上去。到了河岸上心就定些，可是浑身是泥浆，只好任由雨水冲刷。那地带全是土路，经雨水浸淋后全成泥浆，走路很滑，十分吃力。我凭灯光认定了方向，往工棚走。走离工地后不远，因为没有了灯光，一片漆黑，看不出路，迷失了方向，雷声雨声又大，也听不到其他犯人的声息。空旷的峡谷中只我孑然一人，这时我可急了，恐怕走不回去冻死在外面。如果被认为是逃跑，那就有被枪毙的可能，这样的事例已经有过。正在为难时，忽然发现前面有一星灯光在闪动，我便鼓足勇气，死命地追那灯光，在黑暗中坎坷不平的泥路上，一脚高、一脚低地跑着，最后终于追上了。原来是一名电工，手里提着一盏马灯，他是来工地检修电线的，遇上了暴雨，也正在往队部走。他的住所离我住的工棚不远，于是我便随着他回到了工棚。小组的人全都回来了，我是最后一个。

这场暴雨下到天亮，接着是细雨绵绵一连几天。淮河和洪泽湖的水猛涨，淹没了还未完工的工地。工程无法再进行，只好停工。我们这才松了一口气，暂时得到休息。大家把多日来穿脏了的衣服洗洗晒晒，我的衣服不多，也乘此机会清洗了一下，晾在工棚外面。不幸因为收得过晚，全部被人偷去，懊丧之极。天气正热没有更换的单衣裤，万不得已把被单改制成一套单衣裤。我从未干过缝纫，因此改制得很不像样，穿上看起来未免滑稽。好在处于那种场合下，没有人来注意一个人的衣着和外表，所以我穿上那套可笑的单衣裤，也没有引起别人的注目或耻笑。

　　在这段时间，未完的任务不能进行了，以后的任务又还没布置好，因此暂时没有体力劳动任务。每天上下午各学习一次，内容无非是国内外形势，党和政府的政策，生活检讨会等。过度疲劳的身体得以逐渐恢复，但生活上却出现了极为困扰烦人的事。苍蝇和蚊虫之多，简直吓人。苍蝇在白天出动，蚊虫在夜里出动，于是大家称之为两班制，互相接替。白天吃饭时，吃窝头须先把它摇晃一下，然后立即送进口中，否则上面爬满了苍蝇，一下就咬，可能连苍蝇也吃进去。苍蝇如此之多，原因是犯人使用的茅坑，只是在警戒线内一块草地上挖了许多不很深的坑，使用一久，坑满外溢，遇雨即成一片粪海，从未有人去清理。于是大家各找隐蔽些的地方随地大小便，结果是墙角路边，工棚前后，树木四周，到处是大小便，臭气熏人，令人作呕，给苍蝇繁殖提供了优越条件。夜里蚊虫嗡嗡声不绝于耳，被咬得浑身发痒。没有蚊帐，天气再热也必须用被子盖着身体，或用衣服蒙着脑袋，否则被咬得一刻也不能合眼。由于蚊虫肆虐，不少人患上疟疾，又得不到治疗，死人的事，时有所闻。我因抵抗力较强，幸免于难。

第四章 皖北治淮

转移到苏北

大约过了十多天,一天早饭后,队部下达通知,叫犯人立刻整装待发,到哪里去不说,只说是去搞农业生产,劳动要比挖河轻得多,而且有菜园和田地,自己种菜种粮,生活也要好得多。到了那里可以说是安居乐业,并警告大家在旅途中要严守纪律,如果违法乱纪,企图逃跑,必予严惩。

平静了多日,一下子又紧张起来。至于打点行李倒并不费事,每人只有随身可带的应用物品,我的东西更少,不消半小时便整理好了,坐在阴凉处等待出发。以往在每次调动前,虽明知在旅途中要吃苦头,但因现实的处境太难熬,太折磨人,总以为换一个环境可能会好一些。这种心情,在犯人中普遍存在。过不多久,下令出发。大家排成四人纵队,步行离开原住处。

天虽放晴多日,但路上仍很泥泞,两脚粘上的泥巴很重,步履艰难。走不很远到了一个村子,穿过村子抵达一个河边码头。在那里有无数的民船靠在岸边,原来就是犯人要乘的船。船已编好号码,各小组都按分配好的船登船,秩序井然。太阳虽已偏西,但天色明朗,河岸两边有众多的武装人员在站岗,清晰可见,他们拿着上了刺刀的枪,如临大敌。此情此景使犯人心情沉重,默默无言。船舱很狭小,乘进了很多人,挤得连蹲都蹲不下,只好站着。就这样熬过了也不知多久,船停了。大家登岸后列队坐在地上吃晚饭,吃的是半干的馒头,又没有水喝,虽饿也难以入咽。

饭后列队出发,大家一夜站着挤在船舱中已疲乏之极,没有恢复就又步行赶路,再加上背了背包,体力实在不支,走了约一个小时后越走越慢。武装人员骑着马,背着枪,在队伍两旁奔驰,督促犯人快走,不时还用柳条抽打走得慢的人。由于体力差的渐渐落后,队伍越来越长,已不成队形,只是散乱地往前奔跑。最前的人与最后的人中间距离拉开得很大。我的体力属中等,又因背包不重,没有落到最后面的行列。可是心跳气喘,两腿酸软,也感难以支持。就在这时,听到后面有枪声,虽很稀疏,但连续不断,间隔有长有短,听来不是交火。同时手电筒的光柱在夜空中忽明忽灭,不知发生了什么事。

有人说:"赶快跑,落在后面要被打死的。"

我大吃一惊,竟会有这种事?但夜黑如漆,什么也看不见,又加在慌乱中,也不去推敲这话是真是假,只顾加快步子,咬牙坚持。过不久东方发白,又死命挣扎了一个来小时,天色大亮,阳光灿烂。走在前面的人忽然停下,落后的逐渐跟了上来。队长们整理了队伍,并向大家宣布,目的地已到,即苏北滨海县劳改农场。从此又是另一番天地。

第五章　苏北农场

棉田垦殖

到了滨海县，我们住进了当地的一所中学。那时正值暑假，教室就供我们住宿。课桌作床铺，凳子当饭桌，十分方便，我自被捕以来在此算住得最宽敞舒服了。可是这里并不是最终目的地，只是临时歇脚点。

最终的目的地是在县城东北十多公里的"新南公司"。所谓"新南公司"，实际上是一片荒芜了的棉田。民国初年江苏南通的状元实业家张謇在他家乡南通设了纺织厂，在苏北沿海地区买下了大片土地，种植棉花，供他的纺织厂作原料。其一名为"新南公司"，另一名为"新通公司"，合起来便是"新南通"之意，两处相距不远。历年来当地发生了多次海啸，棉田屡被海水淹没，遂报废变成荒滩。调劳改犯来此是为了建设大规模的农场，并非农场已经存在。干部所谓从事农业生产，此时还不着边际。

我们到达当地时，由于住的工棚还未盖好，在学校住下等待。在闲谈中谈到调来途中所发生的事情，大家对那莫名其妙的枪声产生种种猜测。其中比较合理的说法是由于老弱病残的犯人掉队太远，押送的武装人员无法处理，便开枪打死，免去累赘。又有说法是有人逃跑，武装人员开枪打逃犯。打死一个劳改犯犹如打死一条狗，毫不足怪。

在滨海中学住了一个多星期，其间我得了疟疾，得不到医疗，干部置之不理，我只有硬挺。好在没有劳动任务，每天可以躺在铺位上休息。过了几天，到了工棚盖好通知出发的那天，我已略感好一些，可以勉强走动。出发时有两名好心的劳改犯主动替我带了一些东西，

第五章 苏北农场

剩下的就很轻了。从滨海中学到农场约十多公里,两地之间有一条公路相通,但因多次被淹,路面已坎坷不平。天热,途中休息了两次,一路虽不算艰苦,然而对我这患病者来说是拼命坚持才到目的地,累得动弹不得。

那地方是一块约二百公尺见方的平地,四周是约四十公尺宽的河,形成一个四方形的岛,有一木板桥与公路相通,桥旁和河的沿岸有几个岗亭,由武装人员把守。劳改犯住的是用圆木做架、用芦苇做顶的A字工棚,地上铺了木板作铺位。每人只摊到三十多公分,拥挤的程度与皖北治淮时不相上下,这是使我大为失望和最感烦恼的事。此外还有一件事也是极其糟糕,当地因受海水淹没多次,所有的河水、井水和地下水都是咸水,没有淡水。时值盛夏,经常口渴,需要喝水,可是那水又咸又苦,越喝越渴,越渴越想喝,形成恶性循环。衣服洗后穿在身上发潮发腻又发痒,这情况不是一时之苦,而是天天如此。据知伙房给我们煮的菜汤不需放盐,咸味已很浓。在这种情况下,大家的健康大受影响,病号一天天增多,我自感日益消瘦,精神萎顿,连走路都乏力。

到达农场的初期只是增建工棚,清理环境卫生。随后的任务是割芦苇,先从附近割起,逐渐向远处扩张。那地区除劳改犯的驻地是干地外,其它都是芦苇塘,看不到任何东西。芦苇长的又高又粗又密。割下芦苇是为了盖更多的工棚,调更多的劳改犯来建设农场。在开河排水之后,割掉了芦苇的土地即可用拖拉机开垦,辟为棉田。

割芦苇时实行流水作业,一个小组每天包干一块地。一部分人割,一部分人捆,一部分人把捆好的芦苇竖起来堆成金字塔形状的垛。芦苇塘水深不等,深的可没膝,浅的没踝,但从无露出地面的地方。我们整天在水里淌,一天劳动达十小时以上。午饭是送来吃的,连坐的地方也没有,只有站着吃。夏季天亮得早,黑得晚,队部是决不让劳改犯在光天化日下不干活的。

这样过了近三个月,范围越割越大,工地越来越远,而天气越来越凉。大约在十二月初,割到一个地段,非但离得远,而且上下工要趟过一片大洼塘，水深及腰。清早天气很冷，淌水又走不快，冻得人发抖。日子一长，不少人病倒，我因耐寒力较强，还能支持。

不久以后，有一天天气突变，北风怒号，大雪纷飞，水面结起一层薄冰，当天不能出工。晚间队部通知我去领邮包，我听说有邮包寄给我，说明在这茫茫的人间苦海中还有亲人在关心我，心中十分高兴和激动。我上队部取了包裹走回工棚，地上积雪已很深，地上很滑，当时我感觉两腿酸痛发硬，走不成步，便栽倒在地上，爬不起来。包裹也摔开，东西散了一地，幸亏有一劳改犯走过，把我扶起，并帮我把东西拾了起来，还把我扶回工棚。

那包裹是我父亲寄来的，那时他还未被扣押。包裹内有夹被一条和一些旧衣服，没有一样是新东西，可见家中困难，早已无钱为我买新用品了。包裹内附有一封信，是我父亲写的，告诉我母亲在某月某日夜里就寝后因心脏病突发去世，去世前曾理出了一些东西嘱他寄给我，并叫我好好学习，努力劳动，争取减刑，早日回家，以慰母亲于地下。父亲信中又嘱我不要过于悲痛，以免影响健康等。我读了这封信后虽未痛哭，却忍不住凄然泪下。

不幸之事接踵而至，肉体上既受折磨，精神又受此打击，使我几乎对前途失去信心。第二天早晨两腿酸软，竟站不起来，两臂也酸软无力，手指僵硬，吃饭时连筷子也拿不成。经犯人医生来看，说是由于长时间浸在冷水中，受了寒气，一遇天气突变便成瘫痪。那时像我一样生这病的人有好几个，起因也相同，头几天出去大小便要别人搀扶。我独立性较强，极不愿依赖别人，可是现在又非依赖别人，求别人帮忙不可，心中实在烦恼，非常悲观。幸亏过了几天，天气放晴转暖。我的腿渐渐能够活动，手臂也有了一些力，双手也能握紧，也能扶着墙或东西独自走路了。

就在这时，队部下达通知，割芦苇的任务暂时告一段落，立即转入开河挖沟的排水任务，把历年来淹没该地区的海水排到海里去，然后把土地开垦为棉田。劳改犯中除老弱病残者外一律投入，并移居到陈家港沿海地带。我因瘫痪未愈，准于留在原地干轻劳动，即积肥，供春播施肥之用。

在开河挖沟排水的队伍准备出发的前夕，天气又突变，刮起强劲的西北风，气温急剧下降。

夜里大家刚睡下不久，队部忽然来紧急通知，说是刚从福建调来的一个劳改大队到大游社仓库去运粮食，归途中遇特大寒流，被风雪所阻，命令我大队除病号外全体出动去营救。只过十多分钟，队长和指导员们便在外面大声敦促集合出发，大家在一片混乱中匆匆地出发了。我从关不严的门缝中见到外面风雪交加，一群人影提着几盏马灯踉跄地越走越远，消失在黑暗中。工棚中只剩下几个病号，我是其中之一。工棚透风，又因人少，寒气凛冽，冷不可挡。我虽幸免去狂风酷寒中抢救人，但也不能入睡。

也不知过了多久，去营救的人陆续返回，有少数落后者一直到破晓还未回来。我问睡在旁边的人营救什么人，救了多少人？他说：

"不清楚，反正冻死了不少"。

他又说："福建调来的劳改犯都没有棉衣，运粮归途中遇寒流耐不住冷，便躲在避风处休息，那知一歇下来便站不起来，时间一久便冻死。"

我再问一些其它的事，他不愿多说，我也不便追问。后来才知道干部曾关照他们不许对人讲这次冻死人的事，他们当然不敢多谈。

这出惨剧发生后，队部对此闭口不谈，好像根本就没有这回事。就在第二天，开河排水的队伍出发了。留下搞积肥的不足十人，我属其中之一。除少数病号外，其他都是年龄很大的。就我所能记起的有法律学家盛某，曾任国民党政府立法委员和某大学法学院院长；国民党某大学校长汤某；电机学博士楼某；这三人都是留美的博士。还有国民党政府新闻署副署长，已忘了他的姓名；北京大学历史系讲师邢某等人。他们学术水平较高，知识面广，我和他们相处，增长了自己的见闻，获益非浅。

我们这些人被编为一个积肥小组。所谓积肥是把枯草烂叶、死禽死兽、人便马粪以及其它一切粪尿和脏东西收集成堆，浇上污水，外面糊上烂泥，让它腐烂发酵。我在小组中被分派担任拾大便的工作，这工作虽较脏但较自由，挑着担子拿着铁铲在各处走动。积肥的范围除住处外还延伸到附近四周，因此我的活动范围很广，劳动时间很容易过。这段时期可说是我在劳改生活中的黄金时代。因为相处的人比较好，彼此谈得来，很和谐。劳动不重，当时粮食还未定量，还可以吃得饱。令人寒心的恐怖事件还未发生，精神上较安定。

可是好景不长，过了几十天，进入夏季，蚊子越来越多，沼泽地带蚊子滋生得早，而且特别大，勇猛袭人，挥之不去，夜里被叮得不能入睡。这对劳改犯又是一大威胁，大家想方设法来驱蚊。收集枯枝落叶来熏，工棚内被熏得烟雾腾腾，使人发呛和流泪，睁不开眼。工棚内因无窗户气温本来就很高，一经烧枝叶温度更高。蚊咬烟呛再加高温，这种苦况实难忍受。听说某中队一个劳改犯，不知因为犯了什么错误，被赤膊捆绑关入小号内，整夜被蚊子叮。天明后此人已失去知觉，奄奄一息，据说后来就死了。

开河的任务在秋季完成了，参加的劳改犯回到了原地。平静多日的农场，顿时又骚乱起来。我们这个积肥小组，本属临时组织，于是被解散，成员回到原来中队的小组。其中只有一个与我仍在一个中队，还能常见面交谈，其他几个人非但编散，而且不久调走了。在劳改队一经编散，便永无重见或互通音讯的可能。仍与我编在同一中队的那人姓孙，也是个大学生。我和他因相处较久，有了一些友谊。这在劳改队中是极少的现象，也是政策中所不允许的，称之为私人拉拢，视之为团帮结伙的起因，为非作歹的根源。有一天在工地上我没有见到孙某出工，以为他病了。收工后回到工棚，才知那天从南方来了武装干部来引渡孙某，是被反铐着走的，据说可能是他罪行未清，有人上告，发现了余罪。总之情况是不妙的，否则不会用武装人员来引渡，也不至于反铐。从此以后，此人的消息便杳如黄鹤，他的结局不得而知。失去一个难友，我心中不免悲伤。

第五章　苏北农场

因言起祸

　　有一天队部召集劳改犯开大会听报告，宣布开河排水任务胜利完成后，苏北农场正式成立，并立即转入农业生产，以种植棉花为主，兼植粮食作物和蔬菜。命令大家作好准备工作，把已着手的各项任务赶紧结尾，尽快迁到苏北农场第一支队，开始工作。这一下大家比较平静的心情又突然紧张起来。

　　第三天一大早大家匆匆吃完早饭便打点行李，准备出发。第一支队离原驻地不远，只有十多公里，但没有像样的路，再加沟渠纵横，非常难走。大家带着行李更为吃力，费了好大劲才到达目的地。所谓支队即几个大队集中在一起，大约有五千人左右。此地是第一支队，又称一分场。另外还有第二支队，又称二分场。一分场即以前提过的新南公司，二分场即新通公司，这二个分场合起来即苏北农场。

　　一分场原来是一片芦塘，割掉了芦苇排干了水，成为一片荒地。已有劳改犯先来此盖起了许多Ａ字工棚，并开辟了菜园，建起了猪圈和伙房。我们到达的第二天一早便通知出工，工作是人工拉犁翻地。那时地表的芦苇虽已割去，可是地下的芦根盘根错节，坚不可拔。一个小组十二人拉一架犁，定额每天要翻二亩，事实上一半也难以完成。而且大家的鞋整天在布满芦苇茬子的地上踩，几天下来破烂不堪，工效因此更低。监工的队长和指导员看看二亩定额确实不能完成，便降低为一亩，这是极限，不能再低。上午要完成五分，不完成不开饭；下午要完成五分，不完成不收工。就这样我们便在这一亩的定额下死命挣扎来完成。按规定每天下午五时收工，可是不完成定额不能收工，于是经常要干到六时以后甚至七时以后才能收工。回去途中天色已昏暗，连路都看不清了。

　　那时各大队都不能完成定额。场部，亦称指挥部，便召开分场全体大会。目的是督促劳改犯加紧劳动，要从劳动中表现出认罪服法，要从劳动中争取立功赎罪，今后政府要按各人的表现，分别给予奖惩。那讲话的干部据说是分场场长。他最后说：

"共产党最讲认真，只要决心办一件事没有办不到的。共产党为达到目的，不惜牺牲一切。"

我听了很反感，回工棚后发牢骚说：

"为达到目的不惜牺牲一切，要是不惜牺牲自己的一切，那倒罢了，只怕是不惜牺牲别人的一切。"

说了之后自觉失言，很害怕，恐怕有人去汇报。

果不出所料，第二天晚间队部通知我去。我心知不妙，出事了，只有硬着头皮去顶。来到队部，一进门只见室内只有指导员一人在。

"你知道为什么叫你来吗？"他冷冷地问。

"不知道。"

"你昨晚说了些什么？"他又问。

我想了一想，虽已知指的是什么，但装作不知，以观动静。

"我没有说什么。"我说，"想不起说了些什么。"

"你没有说什么？"他说，"就是昨晚的事，你自己说了些什么就会忘了？有人检举你，我念给你听听：某某某昨晚饭后，在工棚内当众说，共产党为了达到目的，不惜牺牲别人的一切，你说过没有？"

我听了一惊，心想事态要严重了，急忙申辩说：

"我不是这样说的，把我的原话歪曲了。"于是我把原话说了一遍。

"就照你所说的原话来看，"他说，"也充分说明你对党不满，至少是对场长的报告不满。难道不是你反动思想的反映？"

我思想中存在不满是事实，不应否认，否认等于抵赖，而且与干部争辩非但无用，反会遭殃，因此我默不作声。他见我低头不语，可能认为是我认识错误的表现，便接着说：

"你先回去，两天内写一份检讨书交给我看，要写得深刻，不能敷衍了事，看你对所犯的错误能不能认识，有没有悔改的决心，再作处理，好，你回去。"

我走回工棚,别人问我是什么事,我支吾说叫我抄写东西。可是检举我的人大概心里明白,彼此心照不宣。

第二天我按一般写检讨的老一套写了一份检讨书,晚上带着它去到队部,只有指导员一人在内。我把检讨书交给他,他看完了问我:

"这就是你的认识吗?"

"是的。"我说。

"太轻描淡写了。"他说,"你的问题如果上纲上线,提高原则来分析是很严重的。你是知识分子,不比大老粗,别人对你的看法不同,问题就更严重。这次姑且认为你是一时失言,不认为你是蓄意攻击。今后说话要特别留意,如果再犯类似错误,那就是明知故犯,新账老账一并算,一定要受到严厉处分。"

我应了一声,走出队部,心中一宽,本以为问题没有那样容易解决,想不到指导员并没有深究。事后我琢磨有两个原因:一是他本人比较开明,通情达理,不是一个极左路线的人;二是对我有一些好印象,因为我曾多次帮他抄写文件和制报表,他都表示满意。另外我两次去见他都只有他一人在队部,其他干部都不在,对处理我这问题上,他可自作主张,不受他人干扰,否则问题恐怕不会那样简单。

有些人因为一句话引起问题,提高为政治上的错误或犯罪,小会检查,大会批斗,以至关禁闭或记过加刑,而我这次都幸免。但是关于我这件事的材料和别人的检举,我的检讨书,队部批示等是否存入了我的档案,不得而知,一般是不可避免的。在这种制度下,这份材料将是我终身之累。

从此以后我随时随地提高警惕,不发表自己的观点,不暴露思想,不参与有关政治问题的闲谈,别人问我有关政治和时事的问题,我推说不知道,或不作正面答复,处处避免得罪人。谨小慎微本来与我的性格和意愿格格不入,我要么无意识地不采用,要么有意识地不屑为,现在被处境所迫不得已也采用了。

场部的大会开过以后,大队开会,中队开会,最后小组讨论。每人必须发言表态，写决心书、保证书以及挑应战书，重重叠叠，不厌其烦。总之是督促每个犯人挖潜力，全力以赴来完成任务。事实上每个犯人已是形容枯槁，面无人色，哪里还有潜力可挖。

逃跑计划

　　天气一天天暖起来。在五一国际劳动节，场部召开奖惩大会。劳改犯因此抱着获得减刑的希望，认为以前闹过一阵的五一减刑的政策诺言，可能在这次大会上兑现。那知大会上宣布减刑的人数只有十来个人，不到总人数百分之一，而且大多数只减一年或半年，相反加刑的人数却大大超过此数，所加的刑期也较长。这次大会完全是象征性的政策兑现，而且是好事不兑现，坏事必兑现。

　　无怪在这次大会以后，劳改犯逃跑的事，陆续发生。当局对劳改犯逃跑当时不宣布，只是在抓到后才公布。那时分场外围有两道警戒线，但由于面积广阔，警戒线很长，岗哨人数不多，看守不过来，劳改犯要逃越警戒线并不困难。问题是即使逃了出去，在社会上也无法生存。

　　解放后不论城市或农村，在共产党领导和参与下成立了严密的居民组织，没有合法身份的人万难立足。即使潜伏也必在众目监视之下被识破逮捕，再加逃犯没有粮票和钱，更是寸步难行，随时随地都可出问题。据说也有少数逃犯因为是窃盗，有偷窃的技巧，能借此为生，在各地流窜，久久未被逮捕。从分场逃出去的劳改犯，大多数是在社会上逮捕后就地处理的，当然是性命难保。

　　据场部公布，有两次是本场武装人员逮捕的，其中之一是该逃犯在偷越警线时当场被打死的。据说他被发现后，拼命地跑，武装人员用自动步枪接连射击，他身中多发子弹均未中要害，后因流血过多而

第五章 苏北农场

死。另一案是三个劳改犯偷了队部的两套制服,穿了冒充干部。另一人反绑了双手,扮作犯人,还伪造了一封公函,偷盖了队部的印章,假装成两名干部押送一名犯人去县城。在通过一道关卡时因为伪造的公函不合格式被识破而逮捕,押回场部处理。不久以后这三人被判死刑,有一天下午在分场北面空地上执行枪决。所有劳改犯都不出工,强制每个劳改犯必须去参观这法场。三人中有一人是个大学生,长相很神气,是大队的勤务犯,经常出入队部,所以有机会偷队部干部的衣服和私盖印章。执行枪决前先宣判,宣判时那三人反绑着站在临时搭起的宣判台前,昂然举首,毫无惧色,想是他们对此结局早在意料之中。宣判后随即押到人群外的空地上枪决。在劳改队甚至农工队,强制去看枪毙犯人是常有的事。刑场四周岗哨密布,架起了机枪,场里场外到处是杀气腾腾的标语,充满了恐怖气氛。劳改犯们对这种场合,确实心惊肉跳,感到害怕。

在这次奖惩大会开过后,劳改犯的情绪大为低落,体会到减刑无望,加刑却大有可能。以前在监狱中判刑时,判死刑自不必说,至于一点小事便判刑十年、十五年、二十年、稍为严重些的事便判无期或死缓,当时觉得好像是在开玩笑,至少是不会当真。但至今一看,却是货真价实,毫不含糊。减刑和提前释放等想法是天真的妄想。我在这种心态支配下,苦闷加深。心想等我刑满时已年近半百,家人恐都死光。况且这样苦难的劳改生活,怎样能长期支持下去?于是也产生了逃跑的念头,而且这念头从此时常在我脑中萦回,盘算着什么时候逃,怎样逃,作什么准备等等。

经反复考虑,我决心单独行动,决不结伴。因为任何一个我认为可作同伴的人,都有出卖我告发我的可能,这个危险比逃跑中所能遇到的危险更大。我认为整个中国如同一个大监狱,即使逃出了劳改队,到了社会上还是在政权的手掌之中,还是在专政之下,还是无地容身。当时共产党和政府的宣传中所谓"人民的巨掌"即意味着反革命犯难逃法网,事实也确是如此。只有逃出国境,或许还可有出路。如走港澳这条路,不但路途远,而且我一身褴褛,形容枯槁,既无钱又无证件,恐怕一出劳改队范围便会被识破,因此摒弃走这条路的计划。想来想去只有从海上逃走。

分场地处苏北沿海,离陈家港只有不到十公里,我曾去过那里运回山东大萝卜。那里人烟稀少,海面广阔,靠海是大盐场,连人影也看不到,是个脱身的好地方。我准备在临走时把枕套和被面拆下,到伙房去偷剩饭装入枕套作干粮,乘黑夜逃到陈家港找一块木板,一根竹竿或木棍,抱着木板在海上漂流,竹竿支起被面作帆。据我所知,苏北海岸的东面是朝鲜半岛的南部,东南方向是日本九州和琉球群岛,最远也不过几百公里。如遇顺风,至多不过十多天便可到达彼岸。时值盛夏,泡在海水里不至于冻死。我会游泳,再加抱了一块木板,也不至于淹死,有一袋干粮也不至于饿死。想到这些我感觉大有可为。

可是过了一两天,我在观望和伺机行动时,忽然想到一个关键问题,我的计划是在顺风的假设下拟订的。如碰不上顺风,甚至碰上逆风怎么办?我国气候夏季多东南风,正好与我要漂流的方向相反,非但漂流不到海外,恐怕连海岸线也出不去。冬天多西北风,风向是对头了,可是泡在冷水里要冻死。想到这一问题我心冷了下来,勇气全消。然而我在此后几天中,仍旧注意每天的风向,有时是无风,有时是微风,有时风势略大,但都是东南风,没有西北风。我的逃跑计划只好打消,打消后的心情可说是心灰意懒,痛苦绝望。

创伤

就在这段时期,我不幸发生了一桩工伤事故。有一天中队派我出公差,到住所后面空地上去铲草皮开生荒,辟建菜园。铲草皮是很不好干的任务,必须用海门县生产的土锹才能铲得起草皮。

那海门锹很重，钢质锹头有四十公分长，只有十公分宽。锹口磨得飞快，闪闪发光，两边突出尖锐的角，中间凹进去，成月牙形，看起来好像是一件古代的兵器，有些吓人。生荒地的草皮尽是草根，密得像编织物，一般宽口的钝锹是铲不动的。用土锹下锹时，必须先把它提高，然后用力一下猛甩下去，切断草根，这样才能铲起草皮。我由于慢，落后于别人，怕受责备或处分，努力追赶，不料往下甩锹时用力过猛，身子一晃动把锹的一个锐角砸入自己的左脚背上，一阵剧痛，不禁大叫一声，站立不稳，跌倒在地。

别人听到我的叫声跑过来看我出了什么事。见我躺在地上，满脚是血，便把我抬到医务所。犯医立刻设法为我止血，用绳子把我的小腿绑紧，但血仍涔涔不断地流出，地下滴了一片血，过了好一会儿才停止。然后犯医把伤口洗净，消毒后包扎起来，包得很厚。我问：

"为什么包得这样厚？"

他说："为了防止空气中细菌侵入，发生感染，得了破伤风是很危险的。"

然后别人把我抬到工棚中我的铺位上。到了晚上，痛已减缓，但因流血过多，感到头晕，昏昏睡去。当夜梦中醒来，受伤的左脚痛已停止，但感到发虚，是一种我从未经受过而且是难以形容的感觉，比痛更不好受，那只包得厚厚的脚怎么摆都不对劲，一夜翻来覆去不得好睡。

第二天犯医来看我，对我说：

"队部已批准你一个星期病假，你安心休养吧，过两天到医务所来换药。"

我听了心中一宽。当时还在反右开始之前，队部批假较宽，对犯人也不太严厉和敌视，否则像我那样的病情批假一星期是不可能的。随后两天左脚发虚的感觉逐渐消失，夜里睡眠较安。第三天到医务所去换药，仍是由别的犯人搀扶着去。那时脚上包扎的棉花和纱布已浸透了血液，血液又已干结，整个脚如同禁锢在硬壳之中。我便自己动手解纱布，犯医立即阻止我。他说：

"你就这样去解掉纱布要牵动伤口,已接上口的血管会脱开,你的脚就难以保住了。你不要管,让我来。"

随后他去大伙房烧了一壶水,叫我把脚放在盆里。他用杯子把热水慢慢地浇在我脚背上,干结的纱布溶化松开,最后全部解完,一点也没有牵动伤口,一只脚露了出来。我一看吓了一跳,脚的前部大半截连脚趾完全变成黑紫色,只剩脚后根还是白色。犯医对我解释说:

"血管被切断,血液不流通,淤死了。但伤口已愈合,以后血液流通了,淤血便会消去,黑紫色便会退掉。可是如果退不掉,说明血液不流通,组织坏死,那你的脚只有截掉了。"

我听了很恐慌。假如成了残疾,今后生活上将多么不便和痛苦。继而一想,或可因此避免无止无休牛马般的劳动,未始不是"塞翁失马"。人到这种地步,患得患失思想特别严重,有时竟会超出常情,这种想法与"新丰折臂翁"有类似之处。这样一想,对于自己的脚是否会残废倒处之泰然,不很在意了。

一星期的假很快就到期了,可是脚伤未好,远远没有达到可以劳动的情况。

事有凑巧,大伙房运到了一大批山东萝卜,需添加二个人去切成条,腌制咸萝卜干。经犯医推荐,我被选中。这工作不需走动,只是坐着干,对我这伤脚的人很适合。这工作干了近一个月,伤口全部愈合,除略感生硬外,已可走动,并未残废。

在这次事故中我碰上几件侥幸的事:一是受伤地点离医务所很近,受伤后很快便被送到医务所进行急救,止血及时,没有耽误;二是当时犯医和护士都在,就医者又少,及时治疗,未受干扰;三是在一起劳动的同犯间能互相同情,互相协助,我受伤后别人极为主动地帮我不少忙,否则情况恐怕不会这么顺利;四是犯医和我很熟,常在一起谈天下棋,可称难友，因此他能为我精心治疗，又为我争取较长的病假和大伙房轻劳动，我的脚才能在较短时间内痊愈。他姓寻，是很稀少的姓，所以我至今没有忘，我对他也感激至今。

我的左脚虽未致残，但到底受了重创，在此后很长的时期内，经不起走远路或挑重担，一遇用力过度便隐隐作痛。这一情况延续了几年之久，体力也因此下降，苦头吃了不少。而大脚趾旁的"草鞋骨"因此骨质增生，逐渐大起来，凸出来，成为明显的畸形。这畸形留下了劳改苦难生活的遗痕，看到它常会勾起我痛苦的回忆。

阴谋暴动集团

季节既已入伏，工种也很少调动，较以往固定。每天除拉犁开荒外不做其他劳动。这对劳改犯来讲，是件极为苦闷的事，在极其艰苦的劳动中自然会产生思变的心理。

出乎意料，有一天大队召集开会，宣布新订的作息时间表，并强调政府的劳改政策是劳动生产与思想改造相结合的伟大政策。最后全体起立，由干部带头高呼：伟大的中华人民共和国万岁，伟大的中国共产党万岁，伟大的领袖毛主席万岁万岁万万岁。大会到此结束，宣布散会。

回到中队，中队长又讲话，大意是过去由于劳动任务紧迫，要限期完成，着重了劳改，放松了学习。现在新的作息时间表已制订，每天收工后要抓紧时间吃饭，饭后中队点名，总结一天的工作情况，对表现好的要表扬奖励，对表现不好的要按情况分别给予批评、斗争、检讨、警告、记过、关小号以至加刑。点名后立即开始学习，从七点到九点，必须保证两小时。学习内容包括政治时事、国内外形势、毛主席著作、劳改政策、社会主义与资本主义的对比、东风压倒西风的必然性等等。学习方式是上大课、听报告、读文件和报纸、小组讨论、做学习笔记和心得、互相帮助、批评和自我批评，要对坏人坏事检举揭发，当面或公开地、秘密或私下地均可等等。

实行新的作息时间表以后，劳动时间虽稍缩短，体力负担虽稍减轻，可是学习时间延长，犯人们又须在学习会上互相攻讦，精神负担却大大加重。每晚学习时大家都累得坐都坐不住，只想躺下睡觉，却还要端坐讨论和发言。我那时任学习组长，还要做每人的发言记录。干事和队长轮流来监视，毫不放松。与此同时，大队发下了歌谱，由劳改犯中懂音乐的人教大家唱革命歌曲。歌词我已记不全，其中有一首是歌颂共产党和毛泽东的，词意是劳改犯应该感谢共产党对大家的再生之德。每次开饭前必须唱这首歌，唱完后才能开始吃饭。这与基督教徒在饭前做祷告有类似的用意，无非是为了表示对共产党毛泽东感恩戴德，永志不忘。

此后的一段岁月，既没有编队或调动，劳动项目和工作又比较固定。全场劳改犯除勤杂人员搞菜园、修建房屋、整理卫生、医务工作和伙房外，其余全部投入拉犁开荒。一直到了翌年春天，据说全场已开了三万多亩地。那时有几辆拖拉机调来耙地，劳改犯不再开荒，转入把开过后并经耙过的地进行平整和开沟，做播种棉花的准备。就这样进行了约两个来月，时令进入初夏，天气已很热，部分劳改犯已开始播种。

有一天早饭后，劳改犯正要出工，忽然队部传来通知，那天不出工，分场开大会，并叫大家开会前预先大小便，进入会场后便不许再出来。随后看到勤杂犯们拿着大批标语、横幅、竖联在各处贴，内容大抵是"粉碎反革命暴动组织""打击反改造分子""坚决消灭人民的敌人""严厉打击暴动分子，不获全胜决不收兵""检举揭发，不让一个漏网"等等。同时在分场四周隐约可见无数解放军士兵已在放哨。这种情景使我大吃一惊，好比大祸临头，思想立即紧张起来。劳改犯们也都在窃窃私语，不知是怎么回事，感到惶恐不安。不久通知大家集合，排成双人行列，到场部北面的空地上去参加大会，是什么会还是莫名其妙。

当我队到达时，别的队大多已经来到，成行地坐在地上。会场一端，已用木板搭起一座台子，台上张贴了许多横幅、竖联和标语。我队来到较晚，坐在离台较远处。台上坐着很多干部，其中不少是生面孔，猜想是司法部门、公安部门和党委方面的大人物。由此可知这次大会的严重性和当局对它的重视。随后会场中响起了高呼口号声，口号的词意与标语基本相同。队长和干事命令我们随着喊，喊时要高举右臂。一时口号声此起彼伏，连绵不断，手臂如林，忽起忽落，声势吓人。

在此同时，会场四周，逐渐布满了解放军，持枪监视。台子的左右也站了许多公安部队。在这杀气腾腾的恐怖气氛中，台上的干部用扬声器宣告大会开始，随即有另一名干部开始讲话。大意是分场侦破了一个反革命阴谋暴动集团，它已发展成庞大组织，有纲领、有计划地企图暴动。骨干分子有数十人之多，目的是抢夺武装人员的枪支弹药，杀害干部，焚烧仓库，并准备流窜到各地结纳社会上潜存的反动分子，扩大声势，进行大规模的反革命活动。他们中的首要分子在去年春节期间，已开始活动。政府几乎就在同时掌握了他们的活动情况，但是不动声色，没有立即逮捕他们，只是严密地监视着，主要是为了进一步掌握全部同伙的人，因此任其发展，扩大组织，到一定时机，政府便可把他们一网打尽，免有漏网，遗留后患。现在政府根据客观情况，认为时机已到，无须再等，因此召集这次大会，当场当众把反革命阴谋暴动组织的为首骨干分子立即逮捕。接着，大声叫：

"某大队某中队某小组某某某站出来！"

随着这一声点名，武装人员和干部多人立即把这人从小组中揪出来，反铐着双手拖到台前。就用这样的方式，一个接一个的人被点名拖到台前，一共有十多人，排成一列，反铐着双手站着。这时会场虽有数千人之多，却鸦雀无声，一片死寂，反映了在场犯人们紧张和沉重的心情。当局这一行动意味着瓮中捉鳖，被叫到的人束手就擒。

当时我认为会上宣布这些人的滔天罪行，是否真实，很可怀疑，至少是有渲染和夸大。在点名揪出了阴谋暴动集团的十余名骨干分子后，大会约有几分钟的沉寂。台上的人在交头接耳，窃窃私语，看来很紧张，台下仍是肃静无声。

随后那干部接着讲话，大意是当众逮捕的这十多人是暴动集团的首恶分子，是人民的死敌，是劳改队中的害群之马。他们不自量力，妄图翻天，他们的下场你们是可以看到的。至于这集团的次要分子和受了拉拢或诱骗的胁从分子，政府已掌握材料，但现在暂不逮捕，看你们有没有真诚悔改的决心，能不能自动坦白自首，并进一步检举揭发与此案有牵连的人。不要以为你们的问题并不严重，只是党和政府以治病救人为宗旨，对你们做到仁至义尽，你们要认清形势和政策，相信政府，用实际行动来自救救人。话讲完后，宣布把那十多人押走。于是武装人员把那十多人除反铐外还加五花大绑，拖上两辆卡车，由武装人员押走了。

接着，又有分场管教干事讲话，布置各大队回去学习和讨论的主题和进行方式。主要是要犯人们互相监视，每人要仔细回忆过去和现在看到听到的可疑人物和事情，向队部检举揭发等等。大会开到过了中午，四周包围着会场的解放军和台前的武装人员陆陆续续撤走，犯人们按次序退出会场，回到各自的中队。这一幕惊心动魄的场面遂告结束。可是犯人们惶恐不安的心情久久不能平静。

当天晚上中队又召集开会，指导员按照分场大会报告的精神布置各小组学习，以破获暴动集团为主题展开讨论，每人必须发言和表态。随着学习讨论的深入，继而进行坦白交代和检举揭发。指导员强调，在检举揭发中不必存在顾虑，恐怕打击报复，政府对检举人是绝对保密的。对有功的人，还要奖励。你们要大胆怀疑，不要怕冤枉好人。政府对检举材料要严格核实，在办案中做到不冤枉一个好人，不放过一下坏人。

最后他告诫大家：已被逮捕的十多人，在政府严密监管下，为了自救和争取宽大处理，必然会写坦白和揭发材料。你们中间凡参加他们的组织，或与他们的犯罪活动有牵连的，要采取主动，赶快坦白交待，争取从宽处理，切勿犹豫。如果他们先揭发了你，那情况就不同了，政府就要逮捕你，从严惩处，决不宽待。到那时你就后悔莫及了。机不可失，时不再来，何去何从，你要及时做出决定。

这一阴谋暴动集团的侦破和大会当众逮捕首要分子的场面，充满了恐怖色彩，使我心情紧张，惶恐不安。可是由于此案与我无关，多少存在"隔岸观火"的自慰思想。但是在这次中队指导员讲话之后，我产生了顾虑。原因是那被捕的十多人之中，有一人可算与我相识。这人姓费，身材矮小，面目清秀，两眼灵活有神，显然是个聪明机智的知识分子，是我苏州同乡。我和他相识的经过是这样的：有一天下午收工，在归途中我正和同组同乡人孙某用家乡话交谈，旁边走近一人问我：

"你是不是苏州人？"

我说是的。他又说：

"我听你讲的话带有苏州口音，所以猜想你是苏州人。我也是苏州人，我们是小同乡。"

就这样我俩便搭讪起来。他告诉我他的姓名，又问我姓名，我如实相告。我忽然想起我家乡费家是个望族，与我家是世交，便问他：

"有个费某某是不是你一家？"

他说："是的，他是我的远房伯父。"

此后在收工时又遇到了他一次，谈了些彼此的年龄、学历、经历、案情等以及家乡的一些情况，除此之外其它的事都未谈。一方面由于时间短促，无暇长谈，一方面我自失言受警告和写检讨之后，在谈话中十分警惕，不多谈关于自己的情况和思想，更不敢表露自己对政治时势的看法和见解，所以尽量少讲话。在这两次交谈以后，彼此再未会过面。

由于不属于同一大队，住处和工地都不在一起，遇见的机会是极少的。糟糕的是彼此已互通了姓名和其它一些情况，已可算是相识。

现在他既已作为暴动集团的骨干分子被捕,正在关押审讯中,当局对他绝不会轻易放过的。由于刑讯逼供或他本人想要坦白自救,很可能把我也拖下水,作为他检举立功、表示悔改的材料。而且他能准确地说出我的姓名、年龄、籍贯、学历、案由以及我的外形和面貌等等,办案人哪有不深信之理。我将有口难辩,无从解脱,后果不堪设想。我这样的顾虑,并不是杞人忧天,而是非常客观和现实的。为此我思想上起了激烈的斗争:我是否应该主动交代与他两次交谈的经过?以免被他先检举我,使我处于被动地位。继而一想,我和他即使算是相识,但既未参加他们的组织,又未参与他们的犯罪活动,对他们的罪行一无所知,有什么交代的必要!而且自己不可过于心虚胆怯,自找麻烦,否则将会更坏事。经反复考虑,打消了主动交代的想法,抱着听天由命的态度,等待着事态的发展。当然思想仍然十分焦虑,只是默默地忍受着精神上的折磨,心中好似怀着鬼胎,一刻也不得安宁。

此后过了一个多星期,分场又召开大会。情况与上次大致相同,同样充满了恐怖气氛,但我感到更为紧张。因为上次大会是突然召开,大家思想上并无准备,也不知是什么事。这次大会,已知是为一件极为严重、极为可怖的案件召开的,大家的心情更不能平静。对我来说,这次大会比上次更为可怕。如果那费某检举了我,诬陷我为同谋或胁从,我就有被揪出来束手就擒的可能。在"坦白从宽,抗拒从严,检举揭发,立功受奖"的政策下,在自供中,故意扩大自己的罪行以求从宽处理和诬告无辜、拖人下水以求受奖的事例,不计其数。

大会开始后,仍是高呼口号,然后有一干部来讲话,好像不是上次讲话那人。大意是上次大会以后,各大队的犯人,以彻底粉碎阴谋暴动集团为题,展开了讨论会,进行了坦白交待,检举揭发。有一部分参与者和胁从者提高了认识,相信政府,放下包袱,主动向政府交待自己的问题,这很好。对这些人政府肯定会从宽处理或不予处分。可是还有一些积极参与者和胁从分子,顽固不化,至今不主动交待,抱着抗拒到底的态度。他们也许以为可以蒙混过关,其实政府对于他

第五章 苏北农场

们的罪恶活动,早已一清二楚,现在就把这些人点名逮捕,随即大声高呼:

"某大队某中队某小组某某某站出来!"

一声令下,武装人员和干部多人立即把这人从人群中揪出来,反铐了双手,拖到台前,情况和上次大会一样。逮捕了八九人后停止了。我本来非常害怕,心中直跳。在进行逐个逮捕时感到好像立即要叫我的名字,结果总算幸免,心中大为宽慰。

接着,那干部声明:"政府对犯人的量刑有两个标准,一是看罪行的轻重;二是看坦白或抗拒的程度。有的犯人罪行虽重,但能彻底坦白,有悔改表现,得到从宽处理。相反有的犯人罪行虽不很重,但死不坦白,顽抗到底,结果从严处理。坦白从宽,抗拒从严是政府英明的政策,永远不变。今天逮捕的这些人是你们有问题的人的前车之鉴,望你们不要步他们的后尘,要从这两次大会中得到启发,凡与此案有牵连的人,务须及早交代,争取从宽处理,然而政府不会等待太久,有一定的期限,机不可失,时不再来。你们切不可错过时机。否则必自食其果,后悔莫及。"大会结束时已近日落。

上述这类性质的话,自我被捕以来,不知听过多少遍,按说是应该听腻了,厌烦了,不会起什么作用。事实上绝非如此,每次听到,毛骨悚然。因为这些话决不是空话,政府确实是按它执行的,这些话关系到每个被捕者生死攸关的命运。再者这些在大会上被逮捕者是早已被逮捕的人,可说是"逮捕中的逮捕",恐怕是古今中外司法界所绝无仅有的现象。

第二次大会开过以后,我的思想负担减轻了,心情轻松了许多。那费某没有拖我下水,实属大幸。我对他产生了好感,觉得他能顶住威逼利诱,不诬告无辜,有一人做事一人当的气魄,他参加或许是发起组织暴动集团,就说明他不是个胆小的弱者。我在当时虽未被牵连进去,但顾虑还不能完全消除。这案件还未定案,审讯和侦查仍在进行,费某也仍在监押中,经无止无休的逼供和他本人不断的思想斗争,难免还会检举我作为同谋或胁从,还不能断定从此就没有我的

事,可以逍遥自在了。正如中队长曾说过:

"对于这个阴谋暴动集团,政府决心要把它彻底粉碎。把所有一切主犯、从犯一网打尽,不获全胜决不收兵!"

有一天我因病在工棚休息,没有出工。我的铺位在工棚的一头,还有一病号睡在工棚的另一头,相距有三十多公尺,其他劳改犯都出工了,工棚中空荡荡的。有一名干部模样的中年人,穿着制服,拿着公事包,从另一头走进工棚。他先和那头的病号交谈,不一会儿他走过来,到了我面前,问我为什么没有出工。我说我是病休,并随手把病假条给他看。原以为他是场部的干部来检查出勤情况的,可是他摆了摆手,表示不要看。接着,问我姓名、年龄、籍贯、学历、经历、案由等等,我一一据实答复。他接着说:

"你判了十二年徒刑能出来劳改,是不幸中的大幸。按原来的政策,凡判十年以上的犯人都要镇压的。后来政府以治病救人为宗旨,政策改变了,宽大了,把本要处决的人判处有期徒刑,投入劳改,以观后效。你应该感谢政府,努力劳动,认真学习,痛改前非,走上自新之路。"

我听了无话可说,只是唯唯诺诺而已。至此他没有再问我什么,我也就不再说什么,交谈结束后他便走了。我心中很纳闷,为什么这干部对犯人的态度会这样温和?而且透露给我这样机密的信息?一般情况下这种信息是严格保密的。可能他是出于同情心,目的是为了宽慰我,鼓励我好好地劳动改造。至于他所说政策宽大是为了治病救人,给本来要镇压的犯人判有期徒刑,是给以自新的机会,好像是说党和政府在施仁政,能为犯人着想。这是好听的谎言,与我亲历的情况和所见所闻不相符合。诸如罗织罪名、诬陷无辜、大逮捕、兴大狱、大屠杀等等哪一项可算是治病救人,哪一项可算是仁政?

据我猜测,如果那干部所说政府把原来要判死刑的人,判处了有期徒刑这一点属实的话,可能是共产党掌权不久,有不少紧迫艰巨的工程,诸如兴修水利、建筑公路和铁路、开发矿藏、开垦荒地等,正可利用劳改犯的无偿劳动力去进行,从而获得高额的经济效益,比枪毙他们更为有利。

后来听人传说，上海市监狱派人来调查上海市大队劳改犯的情况。我暗自估计那来工棚和我谈话的人就是其中之一，他知道上海市监狱的情况，自然不足为奇了。这一段经历使我思潮起伏，在无法纪无人权的专政体制下，一个人的生死存亡，常系于掌权者一念之差，真是悬而又悬。我本想把这信息告诉与我相好的犯人，但恐怕传到队部，又要惹事生非，这件事非同小可，政府定要追究，非但会引火烧身，还要连累那好心的干部，因此我缄口不言，始终没有透露给任何人。

盛夏过去，新秋来到，那阴谋暴动一案暂时沉寂，但是未结案。对被逮捕的两批重犯仍未处理，仍在审讯之中。据干部们讲还要深究，以达到彻底肃清，从而我的担心也仍未解除。有一天大队召集开会，宣布有一批犯人将调往西部去筑铁路，接着宣布名单，我的名字居然在内。这对我来说可谓天大的喜事。因为我能调走，说明我与阴谋暴动一案没有牵连。心中一直悬挂着的石头才算放下，感到无比轻松和高兴。至于西部筑铁路是什么情况，我一无所知，也根本不去考虑。在这里当着犯人枪毙逃犯，当着犯人逮捕阴谋暴动分子，不断地开批判斗争会，持续地逼迫犯人坦白交代、检举揭发等种种造成紧张恐怖气氛的做法，使犯人们人心惶惶，终日不安，我能早日脱离这个鬼地方，避开这可怕的环境，当然是求之不得的。

第六章　西部地区筑铁路

第六章　西部地区筑铁路

巴王河大桥

大队宣布要抽调一部分犯人去西部筑铁路，犯人中起了一阵骚动。凡点到名的人第二天不出工，一清早便编队整理行李，准备出发。劳改犯的调动，有时比军队的调动还紧张，几乎不给喘息的余地。可是当时我的心情却十分舒畅，调到一个新地方，换一个新环境，即使劳动仍然艰苦，精神上的折磨可减少，因此好像要去远途旅游一样地高兴。我把破破烂烂的东西收拾好，等待出发。午后通知集合，按新编制排成纵队，步行到大游社总场指挥部，从各分场各大队抽调来的几百人都在此集中，并重新编队。

从分场到总场指挥部步行三个多小时，到达时已近傍晚，路好走还不觉很累。第二天一早在指挥部大院集合，发放单衣裤、棉衣裤和一床棉被，质量虽差，却是全新，这是出乎意料之外的事。我们这批犯人自投入劳改三年多以来从未发过任何东西。有接济的犯人还好，没有接济的犯人，衣服都已破烂不堪，我即其一。我在被捕时身上穿了一件丝棉长袍，后来下襟破了，剪下来做了一件背心，长袍变成短袍。这两件东西后来破得披披挂挂，露肉透风。被子也烂成一团，盖不住身子。我正在为此发愁，现在发下新衣被，对我来说，是一桩大喜事。

按我的想法，从苏北农场到西部任何地方去都要先到海州，现称连云港市，然后乘火车西行。因为苏北农场所在的滨海县离海州不远，这条路线是捷径。可是实际上走的路线是先乘船到淮阴，乘船顺运河南下，渡过长江到达镇江，在镇江停留了约十天，住在镇江监狱。

镇江监狱中有女犯，多数是年轻妇女，在监狱中劳动。我们这批劳改犯多年没有见到女性，一旦看见了女犯，不免感到新奇。品行低劣的人甚至窃窃私语，评头论足，要不是犯人身份和纪律严格，有可能出现越轨行为。

我们住的是新建成的监狱工厂的厂房，钢筋水泥建筑，宽敞明亮。机器和设备还未安装，但水电已经接通，暂时作为我们的住所。天气是凉而未寒，地上铺了干草，睡起来很舒服。伙食也不错，糙米饭加咸菜汤，吃起来很香。带队的干部们可能上街去逛了，没有布置劳动或学习任务。大家除一日两餐外，无所事事。有人睡觉，有人下棋看书，有人在监狱花园中散步，几年来从未有过这样的闲适。那镇江监狱环境优美整洁，庭院中和监舍厂房四周有很多树木花草。花园很大，其中有一个池塘，旁边还有亭子和假山。由于这一切，看起来不像是监狱。据说这里是镇江的模范监狱，专关押不调出劳改的女犯和重刑犯，包括死缓和无期，生活待遇要比一般监狱好。我们这批过路客暂住此地也沾了光。

在这里悠闲的生活过了不多天，出发去西部的通知下来了，于是平静的生活又起骚动。大家急急忙忙地收拾行李，整装待命，一直等到下午才动身。步行到监狱附近铁路岔道上一个小车站，登上一列铁皮货车。这次不是专列，几节货车是挂在普通客车后面的，因此不像上次那样每站必停。这次车厢较空，车行较快，我们少吃不少苦头。一路经过南京、徐州、济南、天津、北京等地到达集宁，这就是目的地。至于为什么要绕这样的圈子，弄不清楚。这一路从出发到终点，共走了一个多月。原因是在镇江呆了约十天，另外是从农场到镇江所乘的船航行得太慢。一只小火轮拖了十多只木船，马力不够，拖不快。好在犯人对时间是无所谓的，早到目的地也一无好处，无非是早一天开始艰苦的劳动。

集宁属内蒙古自治区，旧称平地泉，在京包线上，是沟通我国和蒙古人民共和国的集二铁路的南端起点，北端起点是二连浩特。再往北就进入外蒙国境。这里是横贯中蒙边境的山脉中的一个山口，据说

第六章　西部地区筑铁路

这地区冬天多风很冷，因为西伯利亚的寒流通过外蒙由此山口流入我国境内。犯人的住地是在集二铁路巴王河大桥墩下巴王河畔。住的仍是 A 字工棚，就睡地上，好在是沙土地，很干燥。因邻近城市，所以警备森严。住地四周有电网，岗楼密布，解放军日夜看守，还有骑兵在外围巡逻。每次出工，一路上由骑兵押送。犯人如果走得慢了些，他们便大声吆

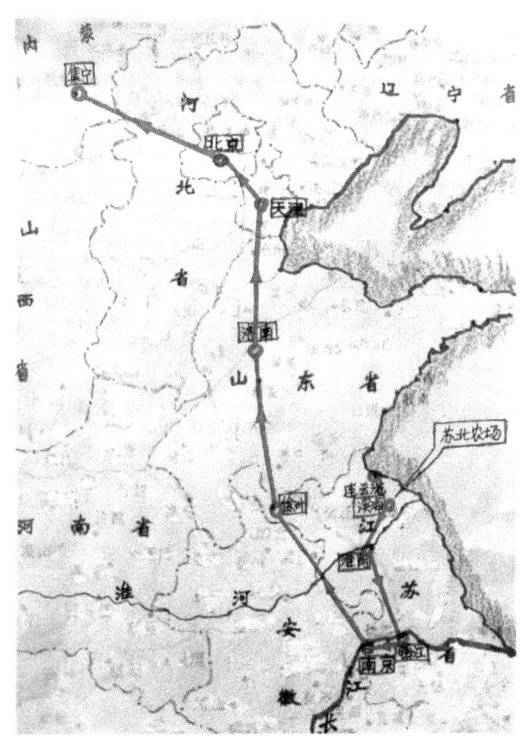

喝督促并用脚踢或用马鞭抽打。这种情景即使在古代暴君政权下恐怕也难得出现，现在却发生在二十世纪的人民共和国。如今回想起来，仍不禁怒火中烧，久久不能平息。身受这样的屈辱，毕生难忘。

我们在此地的任务是加固巴工河桥南面的铁路路基，具体的工作是路基两侧帮坡。那地段的路基实际上是个大堤，高约二十多公尺，两侧坡度在 45 度左右。由于过陡，坡面上的泥土经风吹雨淋，逐渐失落，坡面变成坑洼不平，宽度也因此缩小，危及铁轨的安全。因此，要把坡度扩充为 30 度，并须夯实加固，以免泥土失落。

这项工程的劳动主要是取土、运土、填土和打夯，看来好像简单，并不费事，事实上由于地形复杂，附近土质疏松等问题，工程进行十分困难。从事这项劳动，体力消耗极大，是民工、筑路工或工程兵所不能忍受而不愿干的苦活累活，只有劳改犯被迫去苦干。造成困难的另一原因是附近没有粘土，只用沙土帮坡不牢固，不适用，必须到很

远的一块杂草丛生的荒地去取粘土。那里地面坎坷不平，地下草根密布，挖土十分吃力。而且几百米的运输距离要在杂树丛和石块中穿行，十分费劲。我们每天干得精疲力竭，还是完不成定额。所谓定额没有依据和标准，完全由干部们凭空武断，而且都是在宁高勿低和宁左勿右的思想支配下制订的。干部们对犯人的苦难和死活置之不顾，只关心工程进度，于是加班加点，延长劳动时间，犯人在严格管制下和生命的威胁中，不敢违抗，只有逆来顺受，唯命是从。

在集宁也不知过了多少难熬的日子后，进入隆冬。当地的冬天从外蒙侵来的寒流一个接一个。犯人的驻地正当山口，遇到特大寒流，飞沙走石，眼都睁不开，天空一片混沌，寒冷自不必说。所住工棚漏雨透风，夜里冻得睡不好觉。每天清晨起身时，嘴巴附近的被子由于呼出的水气凝结一层冰。这样的严寒对犯人的威胁特别大，因为住所和衣被鞋帽等御寒的条件很差。尤其是营养不良，体力和热量消耗过多，抗寒力极弱，更觉冷不可耐。我从苏北农场调来集宁，精神上的折磨减少了，可是生活上的苦难增加了，两相比较也说不上孰优孰劣。我自被捕以来，经过了许多阶段，换了许多环境，可是每况愈下，总是在盼望和失望、失望和盼望的不断交替中，熬过苦难的日子。

粮食定量

冬去春来，天气渐暖。再苦难的日子，只要不死，也总会过去。可是严寒的威胁刚过去不久，一个更大的威胁接踵而来，那就是"粮食定量"。这政策对犯人来讲，是大难临头，造成不可言喻的恐慌和混乱，直接影响健康和生命。

在劳改队，"粮食定量"是突然开始的，事先并未宣布。甚至在开始实行后，干部才仅仅提出"粮食定量"这一词。为了什么？怎么

第六章 西部地区筑铁路

办？犯人应该这样那样等都未说明。以往凡遇重大事情或新的政策，照例是事先开大会宣布，然后由中队布置学习，再由小组讨论，各人表态，写保证书、决心书、挑战书等等。这次却一反惯例，这些程序都未进行。所以事先大家一无所知，原因何在，不得而知。大家对这新鲜事初听之下觉得莫名其妙，古今中外所未有，有生以来所未闻。在实行之初，犯人间发生了空前的混乱和恐慌。

犯人的伙食，假日是一日两餐，平时是一日三餐。粗粮干饭，如苞米、高粱、小米之类，有时掺入白薯或马铃薯。在就餐时每一小组发给一小面盆盐水青菜汤，就靠这一点点咸味送饭。因此大家互相监督，每人轮流舀一勺，不许多舀。吃到最后连盆底剩下一些带泥沙的汤渣也吃得精光。饭菜虽极粗劣，但是犯人在一天长时间的重劳动之后，饥饿已极，因此仍然吃得很香。犯人靠此来维持生命，除此之外吃不到任何其他东西。

可是，有一天，出乎意料的事，也可说是可怕的事发生了。那天下午收工回来吃晚饭时，多数人吃了两碗饭，少数人只吃了一碗，那两个大木桶中的饭由于没有盛满便吃光了。没有吃饱的人抬着大木桶到伙房去添，伙房的犯人说没有了。我一向吃不快，也只吃了一碗，没有吃饱，因此心中恼火，认为伙房不负责没有做够饭，让大家挨饿，便随众与伙房吵闹，并到伙房里去乱翻，看看有没有把饭藏起来，可是找不到，所有盛器都是空空如也，于是告到队部。我没有去队部，因为我一向不愿见到干部们，尤其不愿和他们打交道。据去的人讲，队长和指导员只听而不作声，最后才说：

"知道了，这不是伙房的问题，你们不许去伙房闹，谁去闹就处分谁。问题何在，以后会告诉你们，回去！"

到底是什么问题，谁也弄不懂，但总以为这是一时的特殊事件，决不会持久不变，也决不会再发生的，也就不去深究。当晚的风波就过去了，我可是饿得一夜不得好睡。

到了第二天开早饭时，大家由于昨晚的经验，都争先恐后地去盛饭，每人把饭具盛得满满，狼吞虎咽地吃。情况比昨晚更糟，昨晚是少数人只吃到一碗,这下是多数人只吃到一碗。而且在盛饭时由于争夺饭勺和挤近饭桶发生了争吵,甚至动武。有人竟不用饭勺就用饭具去舀,因此饭粒撒了一地,情况一片混乱。我仍只吃到一碗,还是费尽了力气才弄到的,吃了个半饱。

各小组长把这种情况向队部汇报,队长和指导员来到现场,下令大家按小组站队,然后怒气冲冲地训话:

"你们想要干什么?想要造反?你们是有罪的人,如果再犯罪是什么问题?是抗拒改造,坚决与人民为敌,只有死路一条。饭并不是不够吃,而是故意要争,有句老话'争则不足,让则有余',一争就造成有人吃得过多,有人吃不饱。如大家均匀着吃,饭是绝对够吃的,现在马上出工,问题晚上再说。"

犯人们深知自己是在专政之下,专政意味着什么,没有人不清楚,如果被指责为抗拒改造将导致什么后果,心里也都明白。在强大压力之下,大家不敢争辩,默不作声,心中只盼这情况决不是长久的,以后一定会好转。

当天中午收工回来吃午饭,开饭时,队长、指导员、干事等干部都来了,命令犯人按名册上的次序排好队,依次轮流去盛饭。第一轮完毕后再开始第二轮,不许争先,不许混乱。谁要扰乱秩序,就揪出来不许再吃。第一轮排在最先的人第二轮排在最后,以此类推。办法既已规定,就按此严格执行,而且每人不许自己盛饭,由各小组长掌勺代盛。我对这办法很赞成,免得一到吃饭如临大敌,一片混战。

但在,开始排队盛饭时又发现了一桩出乎意料之事,原来大木桶中装的不是干饭,而是稀饭,这是劳改队从未有过的事。稀饭很稀,里面有一些未去皮的土豆块。盛饭后我一吃是淡稀饭,没有放盐,在吃完了第三碗后,由于没有咸味感到反胃,再也吃不下去了。在此有一点须说明一下,我上述所谓"碗"其实并不是碗,而是各人自备的餐具,有搪瓷饭盆、搪瓷杯,铝饭盒等,大小不一,此外还有小面盆以至小痰盂,浙闽来的人还有用竹木筒当饭具的,五花八门,形形色色。我用的是一个大搪瓷杯,装饭装水都适用。为了方便,我统称之为"碗"。那顿午饭大家轮流盛饭，绕圈子走动，你来我往，穿梭不停，边走边吃，犹如和尚道士做佛事或道场，回想起来情况十分可笑，可是当时在紧张之中没有人会有这种感觉。

这种吃饭办法由于每个人都可吃到三至四碗稀饭，肚子被水分撑饱了，饥饿的感觉暂时消失。但下午到工地后，一经劳动，小便接连而来，几次小便后，腹内空了，立即感到饥饿，全身乏力，无论挑土、装筐、打夯等都没有劲。说也奇怪，平时队长、指导员、干事经常来到工地督工，那天却不见他们来，于是大家在劳动上也就疲塌下来。

那天晚饭仍照午饭方式进行。夜间每人小便频仍，睡不好觉。早晨勉强起来，头昏脑胀，没有精神，其后一连多日都是如此。犯人们不满情绪，越来越严重，有人甚至怀疑政府要把犯人饿死，我也曾有过这种想法。

也记不清又过了多少天，大队开会，会上才宣布了"粮食定量"政策，并说明这是由于自然灾害粮食歉收造成的，不单犯人的口粮要定量，全国所有的人的口粮都要定量，要大家尽力克服困难，度过难关，以后情况一定会好转。至于犯人口粮的定额是多少却没有宣布。我心想这肯定有鬼，不然这最关键的事为什么不宣布？可是谁敢对这一点提出疑问！对于自然灾害这一点，也令人半信半疑。为什么关于这方面的具体情况只字未提？

我过去不是多疑的人，只是由于几年来亲身所经历和所见所闻关于政府欺骗人的事很多，自然而然地对政府不信任。干部们对"粮食定量"迟迟不予宣布，可能是因为对此政策也有抵触情绪。一方面上级要求他们督促犯人完成定额，加速工程进度，一方面又不给犯人吃饱。凡有点理智和良心的人自然会认为不合情理和不人道。但是为了平息犯人不满情绪和消除开饭时发生的混乱局面，不得不把"粮食定量"政策公诸于众。"粮食定量"对犯人来讲是件生死攸关的大事，当时给我的印象太深了。现在为写本文，经过不断的追忆，当时所发生的一切犹如电影般在我脑海中一幕幕地放映出来，历历如在目前。

从此以后，"粮食定量"成为经常，成为制度，绝不允许违背和破坏。犯人先前所抱只是暂时情况的希望成为泡影，每天无时无刻不在饥饿绝望之中。同时干部们对犯人的督促也较以前松，犯人劳动没有以前那样紧张。事实上确实也紧张不起来，身子日瘦，体力大减，不少人连走路都走不动了。我从小饭量较小，这时也感到难熬。那些个子大、年纪轻、饭量大的犯人是怎样的遭罪，可想而知。犯人就在这种情况下一天天地挨过日子，处于高压之下，默默忍受，不敢反抗。

有一天下午收工后开晚饭，稀饭是用两个大木桶盛装的，由伙房服役犯抬到大院中。其中一桶因抬它的服役犯跌交翻倒，整桶稀饭倒在地上，并向四周淌开，正巧淌到我脚边。这时，许多犯人聚拢来拿手捧来吃，因为捧不起多少便趴在地上用嘴吸。我当时由于饥饿，一冲动也想趴下来吸，但另一想法阻止了我。我想到一个人弄到这步田地也太可悲了，像猪狗一般地吃垃圾会给自己的心灵投上屈辱的阴影，留下痛苦的回忆，再说，即便多吃几口稀饭又能解决什么问题？自尊心使我背转身去走离淌在我脚边的稀饭。那大院是沙土地，不一会就把稀饭吸干。可是仍有犯人把米粒连沙子一同捧起来，盛在碗内，用水漂出米粒来吃，顷刻之间地上的米粒被剐得干干净净。

巴王河大桥南端铁路路基的帮坡工程，原计划半年完成，但是由于粮食定量，犯人体力不济，一直拖到秋天还未结束。有一天队部忽来通知，那天不出工，叫大家准备好镐、锹、担子，全体到附近老乡地里挖包心菜菜根，说是因为菜根中的嫩心削出后掺在稀饭中可使大家吃得饱一些。大家一听高兴之极，闹轰轰地到老乡地里拼命地挖菜根，一直挖到午后太阳偏西才停。大家挑着装得满满的菜根担子，兴高采烈地回到大伙房。

午饭后，全体出动用镰刀削菜根，把嫩心削出来。那嫩心脆嫩可食，很像莴笋。当晚每人多吃到一碗稀饭，而且比平时的稀饭稍稠。这样吃了约四、五天后又去挖了一次，又吃了几天。好在当地老乡种了大面积的包心菜，菜根一时挖不完。此后隔些日子又去挖了几次。

在这段时间内犯人从饥饿中稍稍解脱出来。从这件事情中,犯人体会出政府好似并没有要把犯人饿死的企图,思想较为宽慰。

可是,好景不长,隆冬来到,天寒地冻,菜根大多腐烂,已很难挖掘,这一救急措施只好放弃,于是三餐稀饭又恢复既少又稀的原样。犯人挨饿劳动的严酷事实促使每人的健康急剧恶化,病员日益增加。粮食定量实行半年以后,劳改犯支持不住的现象愈来愈明显。

集宁地处山口,入冬以后寒流频频。犯人因吃不饱,体内热量不足,对寒冷的抵抗力很差,患感冒的人很多,受寒腹泻的人也多。屋后毛坑中的大小便溢出坑外冻成冰块,与平地连成一片粪水。有一次我去大便,自己解出的小便流到鞋底下很快把一双鞋冻住了,解好大便起身时两只鞋已拔不起来,只好赤脚去工具房拿了铁镐把鞋刨起,因此耽误了按时出工,受到了批评。据说这种情况,别人已经发生过,我已经不是第一个了。

那时候干部把犯人生病看作是一项累赘,直接影响出工率,间接影响工程进度,因此批假极严。我有多次生病,由于病情不够严重不批假,勉强出工。如果不出工那是抗拒改造,是件了不起的大事,而且队部也决不会听之任之,必令小组长和其他积极分子把病人死拉活推地弄到工地,强迫劳动,如敢抗拒就遭到拳打脚踢,事后还要开会斗争。

已批假的病情较轻的病人留队治疗。所谓治疗,外伤则消毒包扎,内科则给一些极普通的廉价成药,别无其它,动手术或用较好的药是妄想。我那次伤脚得到较好的医治可说是极少的例外。较重病员立即调走,据说是调到病员集中的病号队。这病号队在何处?情况如何?大队的犯人是一无所知,但调走的病员从未见再回来。犯人与犯人非亲非故,素不相识,政府政策严禁私人拉拢,尤其是所谓搞小团体。而且各人自顾不暇,自身难保,谁去管别人的事。但有人透露去病号队的人都是重病号,大多数病死其中,到底是什么情况,是个谜。

55 公里

在犯人体力不济,病号又多的情况下,工程进程很慢,一直拖到次年春节才

基本完成,除留下少数人做结尾工作外,其余调到西部包白线。这包白线是内蒙包头和白云鄂博间的一条运输煤和铁矿石的专用铁路。当时在白云鄂博发现了煤矿和铁矿,品位很高,于是设区开采,并建设包白线把煤和铁矿石从白云鄂博运到包头,供应包头钢铁联合企业。

这次调去的犯人约千余人。先从集宁乘火车到包头,再从包头乘汽车到"55 公里"。那时包白线是已经规划,还未修建。这"55 公里"是包白线上要设站的一个地点,荒山群中,没有名称,因那儿离包头 55 公里,便以此为名,便于称谓。

我们这批犯人从包头乘多辆卡车出发,一路上有骑兵押送,浩浩荡荡,路人为之侧目。起先卡车还有一条公路可行驶,不久公路没有了,便沿着一条沙河前进。那条沙河是季节河,夏秋有水,冬春干涸。河床上尽是沙石,没有泥土,车轮不会陷,但要打滑。有一处要翻过两个山头,坡度很陡,车开不上去,犯人全部下车推,卡车在边开边推中才到达山顶。下山时犯人全上了车,车子溜下山,摇摇晃晃,十分危险。我会驾驶,可从未遇到过这样的陡坡。卡车后厢,下面放行李,上面坐人,人坐在行李上已高过车厢栏杆,随着车的颠簸东倒西歪,很有摔下车的危险,令人心中发怵。

我们来到"55 公里",仍旧是筑铁路路基。但是在集宁是土方工程,这里是石方工程。我起初以为铁路是建筑在河床上,因为只有河床是平地,双侧都是山。山头一个接一个,连绵不断,看不到可以铺路轨的地方。后来才知道这石方工程是在河床一侧的山坡上开出一条切口,并利用开下来的石块填充山头与山头之间的沟豁,这样既

处理开下来的石块,又省去了架设桥梁,而且运距很短,又是住下倾倒石块,比较省力。石方不须打夯,也省工不少。在山坡开切口,是用镐挖的,石头表层经风化很松脆,很容易挖。整个工程比集宁的帮坡土方工程好搞。

这一段路基是全线的重点工程,在此要填满两个很深的山沟。山坡上风化石挖完后,里面是未经风化的坚硬石头,用镐挖不动,便打炮眼填入炸药炸开。每天炮声不断,工地上硝烟弥漫,犹如战场。据说当时石方的计算是挖下一方石块算作一方挖方,填入山沟一方算作一方填方。这样一挖一填便算作两方石方,事实上是一道工序,因此工效较高,进度较快。这对犯人大有好处,队长、指导员、干事等督工较松,犯人劳动不致过于紧张,对饿着肚子的犯人可说是天大的隆恩。

但是同时却发生了一桩苦事,犯人每天在布满边角锐利的石块上挑担走动,鞋底磨损极快,一双新鞋穿不到一星期,鞋底便磨破。我的鞋本来就不行,挑担穿了几天更破了,于是脚底磨破。犯人中磨破脚底的人愈来愈多,挑担和推小车运石块的工效愈来愈低。队部把这情况向上级反映,上级便向附近老乡定做布鞋,做好后每人发给一双。可是布鞋底更不耐磨,几天就磨穿,于是犯人们各自想办法来修补:有人用铅丝扎上旧鞋底;有人把破布缝在袜子上;有人把木片铅皮垫在鞋底的破洞上,五花八门各出心裁。有一个聪明犯人想出一个好办法:把鞋底上涂上热柏油,然后在小碎石和沙子上踩。使它们嵌入柏油中,冷却后变得坚硬耐磨,这办法既方便又有效,一双鞋可多穿好多天,从此以后每逢发下新布鞋,大家都照办。好在建筑工地上到处都有柏油,而且涂鞋底所用极有限,下脚废料已足够用了。

犯人们这一顾虑大为减缓,可是另一问题又日益严重,那就是棉衣棉裤的问题。犯人们的棉衣棉裤已发下近两年,由于长期在劳动中磨擦拉扯,破损得很快,虽经各人不断地修补也无济于事。每人都是披一条挂一块,破破烂烂,形同乞丐。我因经常挑担子,破得更不像样,棉衣两肩破两个洞,棉裤破几个洞,有几处披挂到要掉下碎片,便用麻皮扎在一处，勉强不致散失，好歹能挡一些风。

大概由于犯人的棉衣裤实在太破烂了，队部透露消息要发新棉衣棉裤。队长告诫大家，新棉衣棉裤数量不够，不能每人都发到，因此凡衣裤不太破的人暂时等待一下，让实在不行的人先换，这次发不到人不久以后再补发。大家要有互让的精神，决不可争吵。这下不要紧，大家暗中把自己的旧棉衣棉裤故意扯烂，以免发不到新的。不敢当众扯，便在厕所中扯或在睡觉时扯。有些人的衣裤本来还可以，也扯得稀烂。大家对于会补发之说没有人真信，因为干部们言而无信，出尔反尔，屡见不鲜。由于这个原因，再加其它原因，多年来犯人中造成了遇利必争，争必死争的风气。

次日下午收工后中队集合，队长、指导员、干事们都来了。院子中放着几大捆黑色棉衣棉裤。犯人们排好队，由干部们点名观察，按旧衣裤破烂程度排次序，然后按次序发衣裤。发到最后还剩十余人时已发完，队长对没有发到的人说以后会补发。这十余人除现有的一套外，可以在被换下的旧衣裤中另选一套作为修补旧衣裤的材料，这一办法稍稍平息了发不到的人的不满情绪。作为一个犯人是没有发言权的，更不敢表示抗议，只有忍气吞声，自认晦气。

我的旧衣裤因平时不事修补是属于最破烂的，所以先发到了。事后，我把发棉衣裤的先后情况向队部写了一份报告，并提出一项建议，内容是："这次发棉衣棉裤，按破烂的程度来发，谁的衣裤越破烂越优先发到，谁的衣裤越完整越发不到，造成了犯人们唯恐自己的衣裤不够破烂，发不到新的，于是在暗中故意扯破自己的衣裤。由此可见这办法不好，但已是既成事实，不能挽回。我建议队部向大家宣布：下次发新衣裤，无论是棉的或单的，按完整程度的次序发，一律先发给对衣裤爱护好的人。谁的旧衣裤越完整越优先发给新的，对衣裤破烂的人最后发。对发不到的人，发给换下来的旧衣裤。队部可备针线剪刀、棉花和碎布，谁要修补衣裤可随时领用。"

这个建议得到干部们的同意，并召集大会把这项办法宣布，犯人们对此也表示欢迎。从此以后，犯人们及时修补衣裤，保护得很好，不像以前那样褴褛，情况大为好转。干部们称赞我说：

"到底是大学生有头脑，想得出好办法。"

自投入劳改以来，"大学生"一直是个贬义词，是被耻笑的对象，唯独这一次含有褒义。不久队部又提升我为小组的学习组长和队部的通讯员，可说是因功受奖。

通讯员的任务是办理犯人的信件、汇款和邮包，传达队部的命令或通知，替干部作报表和抄写文件等杂务，事务并不繁重。这样一来我在工地上的劳动时间减少了，体力的消耗减低了，同时也不再受龙头犯人的欺压，因为我和干部们接近，他们对我有了顾忌。可是生活中添了很多琐事，不如以前那样简单平静。有人很羡慕我，认为我劳动既轻又有博得干部们好感的机会，对争取减刑有利。可是按我的个性，不喜欢干必须负责的事情，更不愿与政府的工作人员打交道，只是对干部的工作分配不能违抗。犯人必须遵守的监规中有一条是服从命令听指挥，我干这项工作实在是勉为其难，并非甘心情愿。我的一项建议，原来只是为犯人着想，也是为了自己的利益着想，想不到导致了这样的后果。

评定劳动等级

来到"55公里"后，也记不清过了多久，因受粮食定量的影响，犯人中病号日益增多，较重病号照例调去病号队。中队的人数一天天减少，工程进度逐渐低落。有一天晚间，队部召集小组长去开会，回来后向大家传达了一件出奇的事：队部命令所有犯人都要评定劳动等级，分为甲、乙、丙三个等级。评定的办法采用自报公议，由队部核准。目的是什么？没有宣布。这下引起了大家的疑虑。有人以为有重劳动的任务，须体力强的人去干；有人以为是为了照顾年老体弱的人，调去干轻劳动；有人以为要按体力强弱重新编队重新分配工作。我猜不出是什么原因，但深信这肯定是与犯人切身利益有重大关系的事情，经验告诉我事先不宣布的事总是凶多吉少。

在当晚进行评定体力等级时，多数人存在患得患失的思想，摸不清是往高里报好，还是往低里报好，因此默不作声，没有人肯领先自报，会上出现冷场。我那时已当上了学习组长，须掌握开会，可也不知怎样办。后来我说：

"大家不愿先报，由我和劳动组长先报，我报乙等，你呢？"

那劳动组长迟疑了一下说："我报甲等。"

小组的劳动组长照例是全组体力最强表现最好的，他报甲等是理所当然。我又问大家："是自报一个公议一个，还是全体先自报，然后一起公议？"

大家思索了一下，有人主张前一个办法，有人主张后一个办法，也有人不表态。

于是我说："我看还是按小组名单先自报，全体报完后再按名单逐个公议和通过。这样彼此可有个比较，便于衡量，大家认为怎样？"

我这样一说，多数人同意，少数人不置可否，但没有人反对。事实上也没有什么好办法可提，这件事就这样决定了。除我和劳动组长已自报外，其余的人正要开始报，就寝的钟声响了，当晚的会就此结束。大家劳动了一整天，疲劳之极，巴不得早些睡觉。

第二天晚饭后开学习会，按昨晚的方式继续开劳动等级评定会。先是自报，进行得很快，可是一到公议阶段就发生争执，吵吵嚷嚷，一片混乱。按说报高报低，孰利孰弊，既未弄清楚，没有发生争吵的必要。但有人不按自己的体力来报，别人总认为是投机取巧，要提出意见，争执由此而起。这样一直闹了二个多小时只公议通过了小组人数的一半。次日晚又继续进行，又是一直到就寝时间过了很久才全部结束。自报和公议的记录交给了队部。

隔了两天，队部召集开会，大队干部来作报告，大意是：

"粮食定量实行以来已经一年多，由于政府政策正确，犯人们遵纪守法，因此没有发生重大偏差和问题。可是仍有少数反改造分子私下发牢骚，散布流言蜚语。现在警告这些人，你们这些泥鳅是掀不起大浪的，如果不安心改造，乱说乱动，必将受到严厉处分。过去一年多大家吃的是稀饭，经过这较长时间的实践，发现这办法不好。第一点，大家吃的数量一样多，是表面上的平均，从而体力强表现好的人由于劳动量大，吃不饱。相反体力弱表现差的人由于劳动量小，吃得过多。这是实际上的不公平，是不合理的。这次叫大家评定劳动力等级，就是为了打破这种不合理的平均分饭办法，打破这种平均主义。从今以后，大家要按评定的劳动力等级吃饭，即甲等劳动力的人吃甲等饭；乙等劳动力的人吃乙等饭；丙等劳动力的人吃丙等饭。具体办法是今后改吃干饭，即高粱馍或玉米馍。甲等每人四个；乙等每人三个；丙等每人二个。另有开水每小组两桶，大家分喝，一日三餐都是如此。各小组由小组长开出全组名单，注明各人劳动力等级，并统计出甲等几人，乙等几人，丙等几人，交队部和伙房。开饭时伙房按名单上的统计数字，把馍分发给各小组，然后由小组长按各人的等级分发给各人。如有人不守纪律，争吵或捣乱，立即报告队部，从严处理。"

　　干部的报告完毕后，犯人中起了一阵骚动。评定劳动等级原来是为了分等级吃饭，实在是意料不到的事，种种猜测没有一个猜中。粮食定量已是空前未有，按体力分等级吃饭更是闻所未闻。这项办法对体力强的人可说是照顾，对体力差的人是虐待。第二天按劳动等级吃饭的办法就开始执行。开早饭时各小组的小组长去伙房领饭，伙房按各小组名单的数目把玉米馍发给各小组。那馍约有鹅蛋大，从底的中部到中心是空的，这是为看起来大一些，同时容易蒸熟。小组长领回馍后按各人的等级分发给各人，然后由小组值日去伙房挑回两桶开水，每人可分到一杯，不能多喝，因当地没有水源，须用卡车去远处运来。猜想这也许是不吃稀饭改吃干饭的原因之一。在饮水都不够的情况下，每天早晨一个小组发给两脸盆冷水洗脸外，其它用途概不供应。犯人们个个肮脏不堪，工棚内臭气熏人。这种状态一直到天暖开冻，山脚下小溪中冒出细流后才缓和。

此后一日三餐都按此办法执行。我属乙等劳动力吃乙等饭，比以前无大出入。吃甲等饭的人当然比以前好过些，最难熬的是吃丙等饭的人，两个空心馍几口便下肚了，连半饱都谈不上。有些人劳动力虽差，可是饭量并不小，劳动力和饭量并非一定成正比。这办法执行几个月之后，有的人明显不能支持，不但外形消瘦，精神也日益萎缩，连走路也摇摇晃晃走不稳，病倒的人越来越多，逐渐调到病号队去了。有些人病后还来不及调走就死在工棚。那凄惨的情景至今还在我脑海中萦回。

39 公里

春去夏来，下过几场雨之后，山脚下小溪中的水流量增大，溪旁也生出了许多不知名的野花和野草。犯人在溪流中挖了好几个深坑，积蓄溪水，用以洗衣、擦身、洗脚，每人都感到无比舒适。溪水清冽可饮，也解除了长期口渴得不到畅饮的苦恼。

此时"55公里"的工程已接近尾声。由于犯人的驻地是在山坡的一块平地上，原定要在此建车站，所以大部犯人须腾出驻地转移到新工地，剩下的扫尾任务留给一小部分犯人去完成。

这新工地离包头39公里，那地段荒无人烟，也是没有名称，于是也以"39公里"当作该地段的地名。犯人住所仍是A字工棚，设在一片平地上。我们到时干线路基已填好，我们要进行的任务是填一条约二公里长的岔道的路基。这里与"55公里"相反，完全是土方工程，一点石方也没有，可是劳动强度反而大。原因是路基高出地面，挑土时需要爬坡，挑担子上坡是最吃力的劳动。我初到时还好，日子一久，难以支持。

第六章 西部地区筑铁路

在这一工段时，我结识了一个犯人，叫徐东海，他与我是同一中队不同小组。解放前他在上海一家银行中任职。由于我们以往都是住在上海市，有如同乡。在收工后碰见时，彼此常谈些上海市的景物风情。他年令比我略小，体格很魁梧，吃甲等饭。后来有人检举，打小报告给队部说他劳动不卖力，装筐装得少，挑担跑得慢，中队长于是把他降为吃乙等饭。他个头大，饭量也大，吃乙等饭实在饿得不行，恳求中队长恢复他吃甲等饭，并向中队长保证一定努力劳动。中队长对他说：

"这就要看你的表现，如果表现好，就可考虑恢复吃甲等饭。"

他听了很高兴，于是拼命地干，见到我时也乐呵呵地对我说：

"我恢复吃甲等饭已经有希望了。"

他的工地离我的工地不远，平时在工地上劳动时彼此可以看得见的。可是不久以后我接连两、三天没有看见他，一问他小组中别的犯人才知道他已死了。我大吃一惊，几天前他还好好的，挑担跑得快，怎么一下子死了，我想可能是遇到了意外事故。

收工后我便去医务所问犯人医生，他告诉我徐东海由于劳动过度，在工地上心脏病发作抬到工棚便死了。

我听了很难过，茫然若失。他这人善良直爽，也是知识分子，是我在劳改队中能谈得来的少数几人之一，他死了我便少了一个难友。继而一想，像他那样高大的个头，吃那么一点点粮食，与其经常在饥饿中煎熬，倒不如一死，而且因心脏病暴死，还是死得爽快的。如果因身体日亏，抵抗力日差，引起其他疾病，又得不到适当的医疗而拖死，苦头恐怕要大得多。徐东海的死使我十分悲哀，同时想到，在这样的处境下，我自己的结局还不知是怎么样。

在这里填路基是从路基两侧各50公尺以外的土地上取土，取土时从地面下挖至二公尺深，然后向外扩展。土是干土带沙质，松软好挖。只是土里小树根很多，挖时较为费事。按路基质量要求，这些挖出的小树根必须捡出，不能掺在土中填入路基。因此取土坑中满地是捡出丢掉的小树根，粗的如手指，细的如筷子。起先大家不知道是什么树的根，也没有人在意。有一天犯人中有人发觉这些小树根是中草药甘草，味甜可吃，一下传开了，很多人拿来嚼着吃，有人拿来泡水喝，几乎人人都收藏了一些，在晚间学习时吃。我也不例外，收集了一些洗净切断，随时含上一段，好似吃水果糖。犯人除三餐外实在没有东西可吃。三餐也吃不饱，因此吃这带甜香味的甘草觉得很有味。

不幸的事约一星期后发生了，有人脸部肿胀，有人四肢肿胀，有人生殖器肿胀。我吃得较少，只是手指和脚趾肿胀，可是也很不好受。事情发生后，据犯人医生讲，甘草须焙烤后才能入药服用，吃新鲜甘草就会犯肿胀的毛病。于是队部乘犯人出工的时候把工棚内大家收藏的甘草全部搜去，并和附近市镇上的中草药行联系，派卡车来把工地上遍地的甘草根一扫而光全部运走了，并下令不许再吃甘草。对于肿胀，队长指导员们认为是犯人自作自受，不予治疗。事实上这也并不是重病，不吃甘草后几天便好了。这一插曲本是无关紧要的事，只是说明犯人饥不择食的可悲景况和粮食定量赋予劳改犯人苦难的深重。

来到"39公里"几个月后，有一天忽然调来了一批新犯人。以往在工程进行中途调进犯人是从未有过的事。原因是住所、粮食、饮水、燃料等等都要超出预算。好在这次调来的人数不多，便分散安插在各中队各小组中。我的小组中调进了一人，据他说是从苏北农场调来的。我一听便引起了注意，据他说上年夏季苏北农场遭到台风袭击，海潮淹没了农场，棉田、水渠、房屋和一切设备全部被毁。于是当局把犯人陆续调走，其中一部分便调来"39公里"。他既是来自苏北农场，当然知道以前发生的反革命暴乱一案，于是我便与他交谈。我问他：

"大前年苏北农场发生的暴动集团一案结案了没有？"

"你们调走后约半年就结案了。"

"结果怎样？"

"镇压了七八人，判刑的就多了，记不清了。"

"有一个姓费的是镇压了还是判刑？"

"姓费的，是不是一个大学生，小个子？"

"对，就是他，他是我的老乡。"

"听说他是首要分子，当然是被镇压了，宣布名单时有他在内。"他说。

这情况早在我意料之中，他如不被镇压那倒是出我意料之外。当局在处理这类性质的案件时决不会心慈手软，否则在镇反肃反中也不至于杀死那么多的人，造成那么多的冤假错案了。费某可能也料到自己必死无疑，不相信"争取宽大处理"那一套，从而不诬陷无辜，不拖人下水，否则我有可能被牵连进去，那就有口难辩无从解脱了。为这事我背过很久的思想包袱，现在知道此案已结，我的顾虑可彻底消除，感到十分松快。

同时另一感想又袭入我脑海中，处在这样的政治环境中，不安全感，也可说是恐怖感，无时无刻都在困扰着所有人，只有领导阶层或政治投机分子可能是例外。即使是胆小怕事、非常谨慎小心的人也难免有祸从天降的厄运。说"错"一句话，写"错"一封信，交"错"一个朋友，都可导致入狱甚至丧命。这所谓暴动集团一案的结案，虽消除了我被卷入的顾虑，可是镇压了那么多人，又使我心情沉重。对于费某被处死，我难过了好长一段时间，也使我感到作为一个在中共政权下的政治犯的处境是太可怕了。

吊人沟

"39公里"的工程比较简单，量也不大，进行了几个月便完成了。随后我们这批犯人被调到包兰铁路离包头约一百多公里处的"西山咀"。去时一段较长的路是乘卡车的，一段较短的路约50公里是步行的，不过行李还是由卡车运送。早上天一亮就出发，步行到中午休息一小时并吃午饭，下午又开始步行到下午5时左右到达目的地，几乎步行了一整天。犯人们大多数穿着破鞋，不少人脚上磨出了血泡，我也是其中之一。

到达之后，重新编队，分配工棚，这是每次调动后的例行公事。我编入的小组中有几个蒙族人，年龄都在中年，其中一人的铺位紧挨着我的铺位。那人很健壮，没有文化，其脏无比，贴身穿着羊皮袄和羊皮裤，没有内衣裤，颜色已变成灰黑色，而且很硬，由于汗渍膻臭不堪。睡觉时我因怕闻臭味只好背向着他睡，很不舒服。他虽是个大老粗，却很通情达理，并不蛮横，而且性格直爽，普通话也说得流利。我与他交谈中常问他关于蒙族人的风俗人情，有些是我从未听说的新鲜事，使我增长了不少见识。这些蒙族人体力很好，但很任性。从他们的谈话中透露出对政府对共产党的不满情绪，有时还大声地发牢骚。这些话好像并没有传到队部，没有引起是非。也可能因为当地属内蒙古自治区，干部们对蒙族犯人另眼相看。

西山咀是包头银川之间好像是叫大青山的一条大山沟的出入口处。那山沟名为吊人沟，蜿蜒曲折，峭壁对峙，草深林茂，巨石如兽。沟底激流在乱石中穿行，并汇成无数清潭。两旁有多种不知名的野花，其中有一种形如宫灯，精巧绝伦。这条山沟风景优美，远胜杭州的九溪十八涧和北京香山的樱桃沟。可地处荒漠，人烟稀少，不能成为出名的旅游胜地。我们这批劳改犯在苦难深重之中，也没有那份闲情逸志去欣赏这大好美景。据说这吊人沟纵深达百余公里，岔道很多，有多处出入口，历来是土匪隐藏出没之处，官兵难以追剿。"吊人"二字是当地土话害人之意，因此名之为吊人沟。

我们在此地的劳动任务与以往不同，不是填路基或其他基建工程，而是把山沟中无数的小石块收集起来用钢锤打成直径五公分左右的道渣，作为铺铁轨枕木垫底之用。以前多用腿力劳动，现在转变为多用臂力，相比之下，体力消耗略为减少。但是由于队部强制要完成定额，体力较差的人不得不自动延长劳动时间。我的体力属中等，完成定额还不太困难，可是稍一松懈也不能按时完成，也不得不加班加点。队部制定定额照例是宁高勿低，务使犯人尽力而为，不遗余力，这还恐不够，还经常举行劳动竞赛，掀起挑应战。按干部们的话说，"劳动就得像劳动的样子，不能死气沉沉，必须生气勃勃，热火朝天。"这种场面是以榨取劳改犯的体力为代价的。我作为小组的学习组长，不得不起带头作用来响应政府的号召，但心中充满了矛盾和苦闷。

初到此地时是春末夏初，过了一个多月进入盛夏。当地是沙质平原，烈日照耀下反射强烈，中午时分热不可当，穿着胶底鞋走在沙土地上感到烫脚。幸亏我们是在山沟中劳动，上有悬崖密林，下有流泉芳草，非但不热，还感清凉，遇阴天或刮风还感到有些冷。犯人们大多只有单衣裤和棉衣裤，没有其他衣着。即在夏天出工时也总是带着棉衣，在敲打石块时把棉衣作坐垫，否则一整天坐在石头或小板凳上屁股要痛。这样的劳动情况除吃不饱外比以前任何时期都好，每天不至于极度疲劳。

可是，好景不长，一场灾难又从天降，全大队发生了流感，据说是全球性的。在社会上这种病并不可怕，因为有药，能得到适当的治疗。但在劳改队中得了这种病却是很大的威胁。犯医既少，药品又缺，患者得不到应有的治疗，只有硬挺。如获得病假已是天大的隆恩。我小组开始时有两三人得病，因为无法隔离，容易传染，到一星期后增至六七人，不几天又增至十余人，超过小组人数之半。这时我也被传染，并且发展成副伤寒，每次高烧入昏迷状态。犯医也给了一些药吃，可是没有起色。给什么药也不得而知，打听是什么药是犯忌的，犯医也决不会告诉你，其中奥妙鲜为人知。我昏睡了不知多少天，也是命不该绝，渐渐地烧退清醒，又过了几天体温恢复正常，一场本可致命的病就算挺了过去。病后身体衰弱，骨瘦如柴，头发脱落了很多。我虽体力不济，可是体力劳动是劳改犯的基本任务，决不允许避免。于是我不得不在病后再次投入力所不能及的繁重劳动。我这场病因好得较快，没有被送到病号队。可是那次流感发生后，有不少犯人因病情较重送去病号队，从此未见他们回来，也从此没有他们的消息。

西山咀打石块作道渣的任务在春节前几天完成了。犯人们不再出工，只是在住地范围打扫卫生，做过春节的准备。此时队部宣布：

"春节一过，在此的犯人就要调动。一部分原来户口在西部地区的犯人要调到离此地不远的西山农场。一部分原来户口在东部地区的犯人要调到内蒙的保安沼农场。以后你们将从工业转到农业。到了农场所有主副食如粮食、蔬菜和肉类都是自给自足，你们就不愁吃不饱了。乘这几天休息，个人把自己的衣着整理一下，该洗的洗，该补就补，过不了几天就要出发。"

对犯人来讲，能吃饱是最好的消息，但对政府工作人员的话不很相信。因此也感觉不到有多大高兴。譬如在调来西部之前干部们也曾说过："西部地区盛产牛羊肉，蔬菜却想吃也恐怕吃不到了。"当时犯人们的副食全是蔬菜，吃不到肉类，体内缺乏脂肪，对肉类向往已久。听到西部有牛羊肉吃，十分高兴。可是到了西部，非但牛羊肉没有吃到，连蔬菜也几乎吃不上。但不管怎样，能有调动总是好的。猜想情况总不至于比当时当地更糟，总会好些吧。再说反正犯人任凭摆布，没有自己选择的可能。

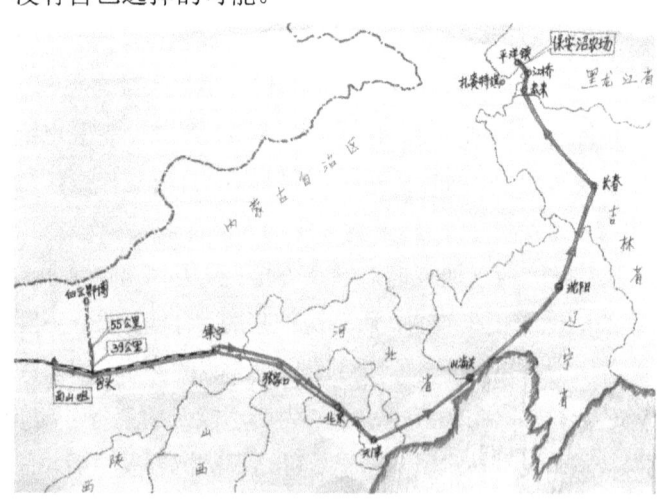

第七章　内蒙保安沼农场

修旱坝

春节期间前后有五天休息，一则因任务告一段落，二则因适逢春节。我自投入劳改以来难得有这么多天的休息，长时期艰苦劳动，一下子休息多天，反而全身感到酸软，但很舒服。那几天天气晴朗，阳光和煦。临近沙漠地区，只要天晴无风，白天气温上升得很快。犯人们在大院中或缝补衣服，或下棋看书，或集拢谈天，一片平静安逸景象，以往可悲可怖、不堪忍受、不可思议的遭遇忘得干干净净，这是在漫长的劳改生活中难得的暂时安乐。几天的休假一晃就过了，队部一声令下准备出发，从此犯人们又重新陷入苦难之中。

上年春，我们来到西山咀时铁路路基已填好，只因没有道渣未铺设铁轨。春节过后我们离去时，铁轨已由包头铺到包兰线中点银川附近。因此我们这批调往内蒙保安沼农场的犯人便在西山咀南面不远的小车站上火车，所乘仍旧是铁皮货车厢，不过比以前几次稍微宽松，每人可有容纳身体的铺位，这对犯人来讲可算是一种享受。登车前每人发给加了盐的窝头作为一路的口粮，在饥饿中也是美味。在行车途中克制着不敢多吃，唯恐只顾一时吃得痛快，把口粮提早吃完了以后没有吃的而挨饿。

所乘这列车是慢车，须在其他各车次的空隙间穿行，停

第七章　内蒙保安沼农场

的次数多，停的时间长，是特别慢的专列。在停车时每天供应两次开水，倒一次马桶。每人各自带了粮食，不需开饭，省掉很多麻烦，这恐怕是干部从多次押送犯人中得来的好经验、好办法。

就这样度过了一天两夜，车厢内气温逐渐降低，据说已经过了北京和天津出了山海关。自山海关到我们的目的地内蒙和黑龙江省交界处的保安沼农场还有几百公里。由于火车自天津过后便从向东行驶转为向北行驶，纬度渐高，气温渐低，所乘的铁皮货车厢散热极快，不能保温，车厢内冷不可当。当夜蜷缩在车厢内，次日凌晨到达黑龙江省泰来县的平洋镇下车。

当时天已微明，太阳还未出来，是一天中最冷的时刻。下车步行约一公里在一所学校内吃早饭，是小米稀饭加咸菜。我的手已冻僵，碗都拿不稳，筷子更拿不住，只是趁热喝了一碗稀饭。从关内来的人初次领教到高寒地带低气温的威力。

饭后犯人们便步行去保安沼农场第二大队，那里便是安插我们这批犯人的地方，离平洋镇约20公里，步行须四个小时。我们的行李有农场派来的大车运送，人是步行，但年龄大和有病的人可坐在大车两边车杆上。接近中午到达了目的地。所谓农场实际上是个大监狱，各大队是农场所属的劳改单位。当时已在那里的劳改犯都在搞基建，如修路、建房、平整土地、开水渠等等，为农业生产打基础，实际上什么农作物都还没有开始种。在西部启程前干部所谓主副食品丰富，自给有余，不会再挨饿等等不知要等到何年何月，这愿望的实现须在遥远的将来。

来到保安沼农场的第二大队后，队部即对犯人进行分配住房。那是一排排朝南的土坯平房，整齐地排列在大院子中，大院四周有方形围墙，围墙四角有岗亭，由武装人员站岗。所有平房都是一式一样，每一排平房共有八间,分两个通道进。每两间住一个小组。每间分南北炕。每炕住六人。共计24人。大院中约有二十多排平房,分成四列。其中除住犯人外,其余是大伙房、仓库、办公室、医务室等。

我们到达时已有一部分犯人住在里面。当天打扫卫生、糊门窗、运草烧炕等搞了一下午杂活。

晚上队部即下达劳动任务:打冻方开水渠。因为我们在此是临时性的,所以没有重新编队,即按原编制不动。劳动地点离队部较远,所以第二天一早出发前除领工具外每人还带上干粮作午饭。去工地的路上有武装人员押队,工地四周有武装人员放哨。中午时分每人拿出用毛巾包好的窝头当午饭。我仍是吃乙等饭,三个鹅蛋大的玉米窝头,只是干啃,没有水喝。虽然口渴,却有好处,可以减少小便。因为在严寒朔风中脱了手套解裤子是件苦事,冻僵了的手解扣子和扣扣子都很困难。

在这高寒地带的冬季,没有寒流风不很大时犯人还能顶得住,一遇寒流就难以抵挡。尤其是犯人们吃不饱,个个骨瘦如柴,抗寒力极差,不久便有不少人支持不住病倒。医务所开病假条很严而队部批假更严。我也因受寒感冒,头痛发烧,但不给假,只好带病出工,熬到收工拖着沉重的脚步走回大队。我怀疑一个人在这样的高压和磨难下,时间一久,是否会把锐气磨尽,成为逆来顺受没有半点反抗性的可怜虫,甚至被折磨至死。但自忖我还不至于落到这样可悲的境地,我有可能活到重见天日、重放光明的一天。这信念支持我顽强地活下去。

保安沼农场位于黑龙江省齐齐哈尔市之南约50公里处,是黑龙江省江桥县与内蒙扎赉特旗交界点,属亚寒带,冬季漫长。从三月中旬到四月中旬的一个月内,每天早晚上冻,中午前后开冻,气温在摄氏零度上下徘徊,要到四月下旬才不上冻。五月中旬树木花草才开始抽芽,河边的枝头渐渐出现嫩绿。正在这大地回春之初,劳改犯又开始调动。

这次的任务是去修旱坝。我在毫无思想准备下匆匆打起行李,肩

第七章　内蒙保安沼农场

背手提地随众步行到紧靠旱坝的新驻地：邢家中队。犯人住所是很多的小型草棚，分布在旱坝北坡，都是我们到达前临时搭起来的。因为没有窗户，里面黑洞洞，地上很潮湿，发出一股霉味。我们一到便四出收集枯草铺地，安放行李，摊开被褥，就此落户。

到达后第二天便开始修坝。所谓坝是以前劳改犯修建的防嫩江支流绰尔河泛滥的堤。高约三公尺，底宽约五公尺，面宽约两公尺。由于高和宽都不够，上年绰尔河秋汛期间河水涨过坝顶，且把坝冲出几个缺口，洪水流进坝内，淹没了农场大片土地，许多庄稼被毁，于是当局拟订了修坝计划。我们的任务是把这个坝加宽加高，修补缺口，总的土方量要比原来的多一倍以上。

施工规则规定取土须在坝里坝外 50 公尺以外，往坝上填土时须填一层打一层夯。由于运距既远又须爬坡，工程十分艰巨，尤其是填缺口更不好干。因为缺口处被激流冲成深坑，坑内积水，必须先把积水排干后才能填土。

土方因此增加了几倍，取土也取得更远，劳动强度极大。劳改犯久经粮食定量的煎熬，体弱力薄，对于超出体力的高定额无力完成。于是队部下令延长劳动时间，早晨天未亮就起身，在昏暗的黎明中吃饭后即出工，晚上要干到日落才收工。在这种情况下吃丙等和乙等饭的老弱陆续死亡或调到病号队，每个小组的人数逐渐减少。我小组原有十多人，后来剩下不到十人。以前吃甲等饭的人多吃的粮食是从吃乙等饭的人的口粮中匀出来的，现在吃乙等和丙等饭的人减少了，可匀出的口粮相应减少。于是剩下的人不得不吃得更少。虽然甲等饭仍然是四个窝头，乙等饭仍然是三个，但个头越来越小，这对劳改犯的威胁就更大。

时入夏令，工地一带和工棚附近野草丛生。据认识野菜的人说，其中有野苋菜和灰菜可以吃。于是劳改犯在中午或收工后到处去挖野菜，用脸盆煮来吃。好在那里到处有枯枝干草，用之不竭。我因吃不饱也挖野菜来煮了吃，略带苦涩味，但还鲜嫩。小组中有人去大伙房偷了些盐加在煮好的野菜中便成美味。有人在取土时挖到一种块茎，形似小萝卜。吃过的人说，略带甜味，很脆嫩。但多吃了腹痛吐呕，还有一人死了。后来听说这东西叫"狼毒"，有剧毒。还有一种叫"走马芹"，生在水边，形状和芹菜一样，只是叶尖带红色，气味也如芹菜，只是气味特别浓，也有毒，吃坏过人。我挖了闻了闻，觉得有些恶心，没有吃。队部对劳改犯吃野菜不闻不问，因为他们也明知劳改犯吃不饱，所以只当不知。于是吃野菜一时成风。好在野菜大片生长，到处都是，挖不完，只是越挖越远而已。

在当时紧张的劳动中，每天收工已近黄昏，晚饭后还要学习，大家累得坐都坐不住。有一天收工后大队召集开会，是因为工程进度慢，督促犯人加紧劳动，务必在汛期前完工。大会开完后已很晚，中队还要求各小组讨论，个人表态，作出保证，进行挑应战等等，以至过了熄灯时间很久，队部还不通知就寝。大家疲倦之极，连话都不愿讲。我也是困得连眼皮也睁不开，实在无法再做各人的发言记录，支撑不住便不等队部下指示，自作主张叫小组的人摊铺睡觉。大家求之不得都匆匆地睡了，唯有劳动组长一人仍不睡，一言不发地坐着。我以为他在思考什么事，也不去管他，自顾自地睡下，倒头便入梦乡。哪知第二天晚上事情就来了，队部通知我去。

"昨晚你们小组什么时候睡的？"指导员问我。

我一听知道事情不妙，准是有人向队部打了小报告。事已发生怎么办？只好等着瞧吧。

"很晚了，已经过了熄灯时间了。"我答道。

"讨论好了没有？保证书、挑应战书都做出了没有？队部有没有通知结束学习？"。

"讨论是讨论好了，保证书和挑应战还没来得及做完。"。

"有人检举说别的小组都还在学习，热烈发言讨论，你们小组却未等队部通知由你发号施令叫小组睡了。有没有这回事？"。

"我看大家太疲劳了，便叫大家早些睡，早起好干活。"我无可奈何地回答，避免正面回答他的提问。

"太疲劳了？就你们小组疲劳，别的小组不疲劳？你强调疲劳，不遵守学习制度，身为学习组长，不等队部通知便擅自带头先睡，还叫大家也睡，你犯监规错误，叫大家跟着你也犯错误。这是什么改造态度？以前有人汇报过，说你对学习抓得不紧，学习时疲疲沓沓，我不相信，现在证明确是如此。你思想落后，不想争取进步，你小组中自有想争取想进步的人。你的一举一动都有人不断地向队部汇报。今后我另找人当学习组长，不要你当了。回去写一份检讨书来，写得不好，认识不够，还要处分你。"

我无话可说，怏怏地走回小组。指导员所说有人不断地汇报我，对此我深信不疑。我对革去学习组长毫不在意，不当学习组长可少与干部们打交道更求之不得。他们那一套令人生厌的教条，幼稚可笑的训话，实在使我恶心。可是事情恐怕不会就这样简单地了结，麻烦可能随之而来，因此心中惴惴不安。

过了两天，在晚间学习的时候，指导员来到小组，宣布了我所犯的错误，革去我学习组长，并另指定一人接替我。不久以后，大约不出一星期，果然不出我所料，问题来了。有人向队部汇报，说我劳动松懈，不卖力；劳动时大小便次数多，借此磨洋工，逃避劳动；挑担子跑得慢，装筐装得浅等等。队长叫我去谈话时先把别人的汇报读给我听，然后问我有没有这种情况。我当即否认并说：

"我本来就是乙等劳动力，不能与甲等劳动力比，在劳动中我实在已尽到了自己的力量。"

"你说你已尽到力量，为什么有人汇报你不汇报别人？你诡辩没有用，要拿实际行动来证明。今后我就看你的具体表现，你如不好好干，就把你降吃丙等饭，否则别人也会有意见。"

队长说到此便叫我回去，这次没有叫我写检讨，事实上也没有什么好写的。从队部出来走回小组，心中老大不悦。真是祸不单行，先是说我学习不好，继而说我劳动不行。在劳改队中肉体上既受尽苦楚，精神上又受折磨，这种生活实在难以忍受。尤其是对降吃丙等饭真有顾虑，更确切地说是恐怖。大多数过去吃丙等饭的人是怎样的下场我知道得清楚，简直可说是走向死亡的道路。在这样的高压和威胁下，我不敢不卖命地干，表现出我不是偷懒耍滑，而是尽力而为，以希冀度过这一难关。幸而以后队部没有再来找我，降我吃丙等饭的事并没有实行，也没有再提此事，这一危机总算挨了过去。

新大队长

　　修坝工程进行了两个来月，时令进入盛夏，离淖尔河汛期已近。干部们无止无休地督促，劳改犯没命地苦干。这样还嫌不够，还说劳改犯不卖力，工效不高。据说原来的大队长由于思想落后，立场不坚定，督工不力，掌握失当被撤职调走了，随后即调来了新大队长。
　　有一天收工后吃过晚饭已经天黑，大队召集开会，新大队长来作报告和讲话。大会是在坝边一片杂草地上开的，用木头搭起了一个台，用好多盏马灯照明。四周黑暗中闪烁着手电筒的光，那是武装人员在警戒。新大队长讲话的大意是说劳改犯劳动不紧张、工效低，汛期快到，修坝工程必须在洪水来到之前完成，以后要开评比会、奖惩会，对表现好的要奖励，对表现不好的要处分等等。他讲话声音之大达到声嘶力竭的程度，把扩音器震得直颤动。同时还指手画脚，摇头晃脑，如同疯子一般。所讲尽是陈词滥调，但充满了威胁和恫吓，威风凛凛，杀气腾腾。他那形象在马灯昏暗的灯光中真像一个魔鬼。他一直讲了很久很久，直到深夜。连篇废话讲个没完没了，无非是一种自我表现。其间我已困得睁不开眼，间歇地打瞌睡，想到明天天未大亮就要起身去劳动，心里真不是滋味。
　　第二天那大队长来到工地，手里拿了一根棍子，后面跟着几个干部，各处巡视，见到有劳改犯挑担子跑得慢些便大声辱骂，并用棍子抽打。在取土坑中见到装上土的箩筐，便嫌装得不够满，自己动手用铁锹死命地往上加土，拍实了再加土，直到高出箩筐边沿二十来公分实在加不上了为止，并令装筐的犯人照样把所有的箩筐都装得同样满。照这样满的一担土至少在 60 公斤以上，一般体力的人是挑不动的。有个别年轻力壮的人试着挑，也是挑不多远便要歇担，有人还把扁担挑断。那大队长还嫌劳改犯不卖力，在坝顶上又说打夯打得慢，督促加快速度。他走到那里便骂到那里。挑担的见到他便躲开，整个工地有他一到就引起骚动。

此后他又来工地多次，每次必找碴兴风，随意骂人打人，可怜的劳改犯都怕他，背地里称他为"疯子队长"。他是否真正神经不正常，或患虐待狂？其实不是，即便他打人也并未过重，并未打坏过人，那种嚣张行径是装出来的。由于他的前任是因督工不力而被撤职调走的，他上任后不得不加紧督促，从严从酷奴役劳改犯，务求工效有所上升以显示他的积极和负责，否则便会重蹈前任的覆辙。

说到这大队长使我联想起以前在苏北农场种棉花时的一个中队长。他为人通情达理，对犯人很照顾，从不苛求，是劳改干部中少有的。劳改犯中个别不识时务的蠢货为了表示对他的好感，给他取了一个绰号叫做"菩萨队长"。由于劳改犯们对他有好感，这绰号便在劳改队中传开了。可是出乎意料，隔了一段时间之后，他忽然改变常态，对犯人特别严格起来，有时竟达到蛮横的程度，甚至连病假也不批准，强迫病号出工。大家对他这 180 度的转变，感到非常惊讶，莫明其妙。不久以后从大队部的通讯员处了解到事实真相，原来是由于"菩萨队长"这绰号传到了大队部，再传到了指挥部。上级追究这绰号的起因，于是那中队长受到了严厉的批评，说他立场不坚定，庇护犯人。他一方面为了表示纠正"错误"，一方面由于犯人起了绰号害了他，为对犯人报复于是突变常态，从一个极端走向另一极端，出乎常情地虐待犯人。在这种情况下犯人们对他倒无从抱怨，只好责怪取这绰号的犯人没有头脑，浅薄无聊，害了那中队长，也害了大家。

汛期

东北地区的夏季,很热的日子不多,最热时白天也不过摄氏三十度左右,夜里只有十几度,睡觉时还要盖被子。在那里见不到扇子和凉席这种东西。气候不很热对犯人来说却有好处,劳动时流汗不多,体力消耗较少。修坝的任务按原定计划须在汛期以前完成。那洪水一方面来自绰尔河上游兴安岭地带的冰雪融化的雪水,一方面来自雨季的大雨或暴雨,两者汇合成巨流溢出河床,造成泛滥。

时至八月上旬,汛期已到。有一天中午,防汛指挥部的人员赶到工地说,上流有电话打来,通知劳改队洪水当天要到达当地。我向坝外和上游观望,当时烈日当头,晴空万里,视野很远,可是一点洪水的影子也看不到。过了约两小时,有人大喊:"洪水来啦。"我向上游一望,起初什么也没有看见,仔细一看只见远处有一线白光沿着地平线在闪烁。不久那白光渐渐移动过来,愈来愈近,才看出原来是洪水前沿的浪花,在太阳照耀下反射出白光。那洪水并不像我想象中那样万马奔腾,气势磅礴,只不过是高出坝外地面不到半公尺的水流由西向东推进。小树土墩仍露出在水面,而且水流动得并不很快,声息全无,毫不惊人。可是由于洪水已溢出河床,高出地面,面积极广,流量当然可观。

就在当天下午大队下达命令:

"由于工程进度没有达到规定的指标,现在洪水已到还未完工,为了紧急抢险,所有犯人立即分为两班,集中在旱坝的薄弱环节日夜开工。"

所谓薄弱环节是指坝顶高度不够、坝身宽度不够、坝脚有塌陷之处以及上年被水冲开的缺口地段。当天分班时我分在早班,即从早晨六时到下午六时。分完班已近傍晚。于是编在早班的犯人即收工回去,编在晚班的犯人留下继续开工,时间从晚上六时到次日晨六时。

第七章 内蒙保安沼农场

第二天我一早出工到坝上一看，吓了一跳。坝外的洪水已涨到接近坝顶，坝外一片汪洋，除少数大树还露出一些树梢外，其他全被淹没，什么也看不到。一夜之间，坝外的景象大变。

当时我被分配在一段坝脚塌陷地段。先是把土倒在坝外侧的坝脚处，但因水流较急，泥土一倒下去即被水冲走，存积不住，不起作用。于是运来大批草袋，把附近割来的树枝杂草掺入土中，然后装入草袋推到坝脚，这就不致再被水冲走。这样干了两天两夜，沿坝外侧的许多坑总算填满，装了土的草袋露出水面。可是不幸下起暴雨，水位又继续上涨，离坝顶只有半公尺，情况紧急。当天队部下令不论早班晚班全部投入抢险，并从其它地方调来犯人协助，一时无数人头在暴雨中攒动。

东北地区的夏夜本来就不热，一下暴雨气温更低。犯人们浑身湿透，冻得发抖。我从小耐寒，至此也觉难忍，只有加油地干才能抗得住。当时天空乌黑一片，闪电和雷声连接不断，只有坝顶少数马灯照明，工地上一片混乱。工地外围有武装人员巡逻，手电筒忽明忽暗，坝内昏黑如漆，再加杂树丛生，我想到当时如要逃跑正是好机会。但逃了出去何处栖身？再加饥寒交迫，浑身乏力，连走路都勉强，倒了下来恐怕只有饿死冻死。在当时情况下即使逃了出去，也难以活命，在极度衰弱中勇气是鼓不起来的。

当夜犯人们在暴雨中为抗洪奋战了一整夜，破晓时雨停云散，东方发白，红日渐渐升起，水位开始下降。据上游传来消息，洪峰已过，情况转缓。大家一夜没有进食，没有喝水，已饿极渴极。不多时窝头和开水送到，由于任务紧急，情况特殊，队部破例开恩，没有按定量分饭。犯人们此时既吃到了东西喝到了水，又得到了暂时的休息，而且又遇大晴天，阳光和煦，天气转暖，与昨夜相比，恍如隔世。

饭后继续开工，到中午时分，水位下降了约一公尺，对旱坝的威胁已消除，情况已转危为安。我们早班的犯人已连续干了三十多小时，奉命收工。事后有不少人病倒了，我总算幸免。我小组中有一犯人，在这次抢险以前就生了病，队部不给假，说他是怕苦怕累，在这紧急关头装病,要逃避劳动,于是强制他出工。经几天抢险后收工回来,他的病情加重,夜里不断地呻吟,闹得旁人睡眠不安。次日一清早别人都起来了,他仍睡着不动。小组长去叫他起来,他不做声。推他也不动,一摸他胸口心脏已停止跳动,死了。他的死是劳改犯结局的一个典型,我自己很可能也落到这种下场,不免悲伤。

洪水泛滥的险情过去了,夜班也不开了,劳动和生活恢复正常。又过了几天,坝外的水全部退入河床,坝脚也露了出来,只是已被洪水冲刷得坑坑洼洼,面目全非。

除留下一部分人修整坝基外,其余大部分犯人转入一项新任务,即修整农田。那时农场当局已调来了若干辆苏联制造的大型拖拉机叫做斯大林80号来开垦生荒地,辟为水稻田。我们的任务是跟在拖拉机后面,把没有翻转和没有翻平的垡片翻过来并铺平。每一辆拖拉机配备一个小组二十人。这工作听起来很简单,实际干起来很困难。因为这里的生荒地是从未开垦过的草原,土地表层全是茅草根,密如丝瓜络而且很坚硬,只混有少量泥土。非用磨得飞快的钢锹先把未翻转或隆起不平的垡片切成短段,才能翻转和铺平。遇到土地不平和拖拉机拐弯处,垡片乱七八糟,工作就更困难。大家竭尽全力还是跟不上拖拉机,只有延长劳动时间才能勉强完成任务。到收工时大家累得话也不愿讲了,闷闷地走回住所。

到了这个阶段,犯人们的健康情况进一步恶化,生病和死亡的人数不断增加。这时中队从已经由从事农业生产的大队弄来了黄豆荚和葵花籽盘,这两样东西本来是做燃料的,队部叫大伙房把它磨作粉末,掺在玉米面中做成窝头,给犯人们吃。窝头个儿较大,吃起来略带香味和甜味,十分可口,而且数量增加了吃得也略饱,大家很满意。不料吃了几天之后大便秘结,解不下来,不得不死命地逼才能解出,因此肛门胀破流血。毛坑中一片鲜红,好似杀了鸡鸭。我当然也不免遭殃,不去大便肚子胀,去大便又疼痛难熬。我有一次解出一半,另一半塞住了肛门,不得不用手指去抠才抠了出来,那半截大便已坚硬如石块。肛门本来已破,经此一抠破口更大,血流不止。有一部分人始终解不出大便,犯医便用勺子去挖。据说有两人大便堵塞严重,动了手术才得疏通,但还未听说有人因此病倒或死亡。

由于出了这一事故,队部指示大伙房停止把黄豆荚粉等掺入玉米面中做窝窝头。

平整田地的工作进行约三个多月,面积已达几千亩,已够春播所需的数额。当时劳改犯的编制以原来的中队作为一个生产单位,划分给千亩左右田地从事农业生产。其中大多是水稻田,间有少量的旱地种大豆、玉米和各种蔬菜,还留有几十亩作为果园和苗圃。我所属的中队傍着旱坝,有一曲小溪水穿过境内。两旁杂树丛生,景色可算优美。当地的天气到了十一月中旬已入严寒季节,溪水结成坚冰,土地已上冻,拖拉机开不动了,于是平整田地的工作停止,转入修路和打冻方开渠道。

严冬

冻方这一名词南方人是不大了解的,南方没有冻土,所以没有这工种。所谓打冻方是用镐打冻上开出渠道,作水稻田排灌之用。工效以打出的冻土的立方公尺为计算单位。那时的工地离中队较远,步行须半小时,因此午饭在工地上做,在工地上吃。做饭的场所是空旷地上孤零零的一间茅草屋,门窗不全,用芦席掩盖,冷气不断透进。屋里昏暗,看不清东西,只有用干草生起了煮饭的火,借火光照明。伙房来此做饭的犯人干这项工作也真苦,不过比我们这批在露天旷野中顶风劳动的犯人总还好过得多。

饭是用苞米碴加土豆块煮成的稠稀饭加盐而成。严寒中在户外吃饭,只有用这种办法才能使食物较久地保持温度。由于主食中加了土豆,数量较多,每人可分到三小碗,一般饭量已够吃,分等级吃饭的办法不再实行。但还不能自由盛饭,否则还会发生混乱,仍须由小组值日人员掌握分饭。每人三小碗分过后如有剩余即分给饭量大的人吃。

有一天遇寒流来袭,气温骤降。东北高寒地带每遇寒流都是晴天,但那种晴天与一般晴天不同。一般晴天天空呈蓝色,太阳呈金黄色,阳光照在脸上感到有热力。寒流时的晴天天空呈灰色,太阳呈惨白色,阳光没有热力,天空一片迷茫。那天一早出工时,天还没有大亮,风声呼啸,冷不可当。到了工地大家不得不加劲劳动,否则便抗不住严寒。当地居民在三九天不出外劳动,在这种寒流中更是足不出户。犯人们非但要出工,而且整天长时间地在旷野劳动。

那天到了中午开饭时间,我正好轮到值日,便和另一值日犯人担任去小茅屋取饭和给小组分饭的任务。取饭用扁担去挑,两桶饭也不重,路也不远。干这项工作可戴手闷子,不致冻手。可是分饭戴了手闷子便拿不住小铅碗和盛饭用的木括子,而且每盛了一小铅碗后必须用木括子压实刮平,倒出后还要刮干净,否则别人会认为分饭不公正,有偏向,小则提意见,大则可引起吵架。这些动作只有光手才能干得来。平时天气不太冷时,值日两人轮流分饭,冻手还不严重。这次遇寒流,轮一次分饭虽只几分钟,两手就冷得生痛以至发麻。饭后我和那另一值班的手都冻得疼痛僵硬,握不住铁镐,不能打冻方,只好挑运打下的冻土块。

收工时那另一值日犯人挑空饭桶回队,规定可先走一刻钟,回队为小组挑洗脸水,我随小组一起走。他乘先回到中队打洗脸水之便,一到宿舍打来了热水便把双手浸入热水中。这下子可出毛病了,他的手指立刻变色,由白转紫,受冻严重的手指由紫变黑。

据当地人讲,手脚、鼻子、耳朵受冻后切忌用热水浸捂,这样就要烂。最好的办法是用雪搓,搓到皮肤由白转红就没事了。我因小组十多人只有两盆洗脸水共用,嫌太脏,尤其是小组中有一犯人有梅毒,所以我经常不与小组共用热水,只是在室外沟中取水雪,用雪放在炕旁化成雪水来用。幸而如此,我受冻的手没出毛病。那人的手变黑后开始溃烂，虽经敷药治疗，久不痊愈，发出恶臭，劳动已干不来，只能干些轻活。在春初的一次编队中把他调走了。在劳改队中犯人一经调散，便是生离死别，永无通音讯或重聚的可能。那人与我相处很好，可是他调走以后，关于他的一切情况我便一无所知了。据本队的犯医说，他的手已没好的希望，至少要截去几个手指。在当地的劳改队中冻坏手脚的人常见，不足为奇。我曾见过好几个缺手指脚趾的犯人。我的耳朵曾冻坏过，溃烂流脓，倒不很痛，只是痒得难受，忍不住要搔，非搔到流血不止痒。夜里睡觉，我习惯侧睡，耳朵贴枕头，枕头上满是脓血，受了一冬天的罪。我对耳朵烂掉并不在意，因为对我没有多大影响，不会妨碍听觉，只是不太雅观而已。我的耳朵春暖后渐好，但第二年冬又犯。后来东北的气候渐渐变暖，耳朵的冻疮也慢慢地好了。

在我初到东北时，冬天寒流很频繁，一个接一个，冬季气温降到摄氏零下三十多度是经常的事。后来寒流渐少，气温也慢慢变暖。这可能就是气象学家所说的大气中二氧化碳增加，起了温室效应的原因。这一气候的变化给当地的劳改犯帮了大忙，减轻了不少苦难。

大跃进

冬去春来，天气转暖，时令进入备耕农忙阶段。当时的中心任务是修整水稻田，在已平整的田地里打起池埂，把大面积的田地隔为四亩左右的小块，整个中队共承担近一万亩。每小组二十人，每人约摊到三十多亩，在全国水稻种植的人均负担中属最高，劳改犯的负担之重可想而知。队部为了要使劳改犯的工效提高，多干活，在粗劣的粮食中搅入土豆、胡萝卜、菜根之类，这些东西可从别的大队调来。这样每人可以多吃到一点东西，以往成天挨饿的苦难得以减缓。

1958年前后，政府大肆宣扬三面红旗即总路线、大跃进、人民公社。据说是毛泽东提出的方针政策，旨在提高生产早日进入共产主义社会。这三项中唯大跃进与劳改农场最有关系。劳改农场是从事农业生产的，须用大跃进的精神促使劳改犯挖尽潜力投入生产。于是当局命各大队分别召开大跃进誓师大会。各中队事先叫各小组写出发言稿，拟订保证产量的保证书以及各小组和个人的决心书、组与组、个人与个人之间的挑应战书。我小组在商定保证产量时讨论了很久，把各种有利条件和不利因素都考虑到，经过一番争论后才把保证产量定为每亩八百市斤。其实这已是过高，此后多年的实际生产中从未达到此数。

到开大会那天会场布置得很壮观，红旗飘扬，标语似海。因为天热，大会在下午收工后开始。先是大队干部作报告，大意是毛主席党中央为了加速社会主义建设，早日进入共产主义社会，号召全国高举三面红旗，奋勇前进。劳改队也不例外，要努力提高水稻产量，责成各大队各中队以至各小组要定出保证产量，有计划地实现增产和丰收。

随后各小组发言表态，并宣读保证产量的保证书。先进行宣读的几个组都定在一千市斤左右，其间干部插话督促大家要打破保守思想，大胆高攀。经此暗示，后来各小组所报数额好像拍卖行中的报价争购，愈报愈高，由一千多市斤报到四、五千斤，最后报的一个小组竟报到万斤，引起全场一阵哄笑。可是干部却郑重其事加以表扬。大会最后进行挑应战，内容也是荒谬之极的一派胡言。时至子夜大会才告结束。

此后不久，中队召集开会，首先批评有些小组过于保守，保证产量报得过低，应向报得高的小组学习。随后传达一项消息，说是在毛主席倡导的大跃进的感召下，天津地区某一水稻试验田创了水稻高产新纪录，亩产达二十万市斤。大家听了为之愕然。我却并不吃惊，只是窃笑，因知这是明显的骗人，只觉所用方式幼稚可笑而已。当时我还以为是劳改当局的无知之辈臆造的谎言，哪知是遍及全国的官方宣传资料,这倒是使我大为吃惊。这件事在老一辈中记得的人不少,在青壮年中知道的人恐怕不多了。这些消息的宣传和流传是千真万确的事,当时各大报刊都登载过,真是毛泽东时代的又一奇迹,是足以传诸后世的"佳话"。

"上诉"与复判

有一天晚饭后,大队召集开会。每次大会照例必有重大的事情要发生要传达,而且自上次开过大会以后已很久未开,这次开会大家料不出是什么事,忐忑不安。大队的干部登上临时搭起的木板讲台用扬声器高声宣布:

"政府为了体现法治精神,向你们宣布,你们中间如有人确认对自己判刑所根据的罪行与事实不符,或认为量刑过重、判刑不公等情况,可以在一个月之内向各自的原判刑法院提出上诉。队部负责给你们转达,但决不允许投机取巧,乘机翻案,否则后果自己负责。有文化的人尽量自己写,没有文化或文化程度不高确实写不来的人,可通过队部批准,托别人代写,期限为一个月,到下月今天截止,决不延长。"

这件事很简单,就是允许犯人上诉,然而完全出乎我们意料之外。我们这些反革命犯在宣判时当局即声明不发给判决书,不准上诉,现在却来了这样一个转折。大会散后,大家回到工棚。一时人声嘈杂,议论纷纷,都在谈论此事,一直到熄灯后仍未停止。我为此思想上也起了波动,心想判刑时虽未发给我判决书,但在宣判时因内容很简单,我记得很清楚。一是收听"美国之音"造谣,二是企图搞反动组织,三是企图赴港投匪,只有这三条,别无其他。

在解放初期当局并未禁止收听外国电台,我的亲友同事中凡有短波收音机的人家几乎没有不收听"美国之音"的，一则由于它的电波强，音量大，容易收到；二则由于它报导全世界的新闻，内容丰实。政府并未明文禁止且又未违犯法律的事，怎能认为犯罪？其次说我企图搞反动组织，纯属子虚，是罗织的罪名。再次说我企图赴港投匪，我是有赴港的企图，但并不是要去台湾，而是要去美国，去纽约联合国求职。在当时抗美援朝战争的形势下想要去美国和去台湾是同样被人认为是极反动的罪行，并无多大出入，在这一点上没有申辩必要，可是这后两项都冠以"企图"而判刑。想到这几点，我如上诉，是有充分理由的，也许会得到减刑。至于复判无罪是没有可能的，我也不存这种奢望，因此跃跃欲试。

第二天收工后，大院中、墙角墙边、工棚内外，已有不少人开始在写。想要上诉的人绝大多数是反革命，其中没有文化的人很少。我独自找了个僻静地点正要开始写，忽然另一念头潜入我脑海中。这次政府破例开恩，允许犯人上诉，究竟是什么原因？这件事的来龙去脉，目的何在？都没有交代清楚，使人摸不清底细。贸然去上诉会不会出问题？过去由于轻信吃过大亏，这次应慎重考虑，不可大意，于是停笔凝思，暂不动笔。可是是否放弃这个机会，不去上诉，还未下决心。因为这件事对蒙冤受屈的犯人来讲具有巨大的引诱力。由于离上诉截止日期还远，暂时抱了等待观望的态度，不必心急。

想到过去亲身经历的种种事件，使我对政府的政令、号召以及很多的作为存有戒心，其中不少是出于欺骗，引蛇出洞，使人自愿上钩。较为重大和突出的事件是上海解放之初突击封闭证券交易所和证券号。证券交易是资本主义国家的一项经济活动，解放前在上海极为盛行。解放后从事证券交易的人鉴于这种经济活动与社会主义经济不相容，大多数人已缩手不干，证券交易一落千丈，几乎陷于停顿状态。然而出人意料，政府对这项经济活动并不下令禁止，而是不闻不问，听之任之。证券交易所和证券字号虽然门庭冷落但仍开张营业。当时上海游资缺乏出路，人们看政府一时不会禁止证券交易，即使以后要禁止，等命令下来以后再停止不干也不晚，于是放心大胆地

第七章　内蒙保安沼农场

又投入证券交易。证券号的资金和客户的保证金,大多是黄金和美钞,也愈积愈多,一时营业鼎盛,规模庞大。正当此际,有一天深夜,政府出动大批军警,把证券交易所和全市所有的证券号全部查封,所有的证券和流动资金全部没收,一部分经纪人中的巨头也被扣押。这一事件知道的人不很多,因为它只发生在上海一地,而且受牵连和受影响者只限于从事证券交易活动的小圈子。当时我自己和有些熟人正在作证券交易,也受到损失,我对此事件自然有很深的印象。

另一事件是反动党团登记。解放后一年多,政府号召全国留在大陆上的国民党党员、三青团团员以及其他被列为反动组织的成员,都要向公安机关进行登记,并宣传说,登记之后可放下思想包袱,轻松愉快。我在被捕前不久曾在报纸上、大街上看到很多这类布告。可是在 1951 年 4 月 27 日凌晨起,全上海大批军警特工人员突击出动把凡登记过的人按名单搜捕入狱。这就是震惊人心的所谓"四二七大逮捕",范围是全国性的,上海不过是个重点。我在市公安局看守所拘留中,同监房中有一人对我说,他是国民党员,看到报上登载的反动党团登记的布告后便按报上所载手续拿了证件去公安局登记,并拿到了登记证,他心中一宽,以为没有事了,哪知现在被捕了,真不懂是怎么回事。

此外我在税务局工作期间,局方人员有时对公民不说实话,原因是恐怕引起公民不满,造成工作上的困难。我曾流露了我的不同看法,认为政府工作人员应对老百姓说真话,不应欺骗老百姓,即使遭遇周折,也应另想解决办法。哪知我因此遭到指责,先是说我思想落后,没有立场,继而斥我为反动,终于发展到被扣上反革命帽子而被捕。回想起来,我的遭殃虽还有其他原因,但肯定与我暴露了政府不应欺骗老百姓这不同意见有很大关系。

经过了反覆考虑,感到上诉是凶多吉少,于是决心放弃这一念头。经过队部批准,我代别人写了几分上诉书。我本人在上诉与否之间选择了后者,当时后果还不得而知,因上诉而得到好处的可能性还不能肯定没有。上诉截止的日期还未到,想要上诉的人都已上诉了。

全大队上诉的人共有多少，没有宣布。此后经过了有半年，此事杳无消息。有人耐不住了去问队长和指导员，都碰了钉子，不得要领。后来也没有人再敢去问了。

又过了几个月，有一天大队召集开会，宣布上诉后复判的结果。上诉的人紧张起来，会场上鸦雀无声，大家屏息倾听。我未上诉，无动于衷，好似隔岸观火。大会进程中先是开场白，简单地说上次上诉的复判，已由各地法院寄来，现在向大家公布，随后宣读维持原判者的名单，加刑一年者的名单，加刑两年者的名单，加刑两年以上者的名单，减刑者一个也没有。另有一人，他自己并未上诉，也加了刑，原因是他未经队部批准，擅自代好几人写上诉书，据说还取报酬，因此被扣上有意助长右倾翻案风。

最后大队首长讲话，大意是：

"这次上诉的人这样多，经过各地法院审查，大多数人是想投机取巧，无理取闹，故意掀起翻案风。这次从宽处理，加刑很轻或维持原判。今后就要从严。"

讲完后宣布散会。这一下凡上诉的人大失所望，被加刑的人更是沮丧之极，可是敢怒不敢言。我也想不到这事真会不出我所料又是一个骗局，我私下庆幸没有上诉，否则减刑无望加刑却有可能。还有很多上诉过的人没有宣读到名字，原因不明，这些人不敢也不必去追问原因，此事也就不了而了。

此后不久，劳改队中进行反右倾学习。从动员报告和学习文件中得知社会上有一批人掀起右倾翻案风。以共产党的立场和逻辑来看这是与社会主义路线不相容的，必须加以反击。我从中体会到在劳改队中，当局第一步号召犯人上诉，第二步复判加刑，这两部的连结便形成这出闹剧。这与毛泽东先是号召"大鸣大放"，继而把那些响应号召者扣上右派帽子而加以清除的把戏同出一辙。当时一些知识分子由于盲目信任、盲目崇拜毛泽东，以为他开放言论自由，热衷于进忠言而暴露了思想，于是给专政当局提供了迫害的目标。这些事实足够说明我对共产党当权者和专制政府不信任和存有戒心，是有根据的，并不是无谓的多疑和空洞的臆测。

很可笑的是此后我竟得到队部的表扬，说我这个知识分子能说会写，可是觉悟高，安分守己，不去起哄上诉，说明能认罪服法，安心改造。后来劳改当局为了完善管教制度，实行对劳改犯年终考核。于是我历届的年终考核表上都注上了"认罪服法，安心改造"这项优点。至于这对我是否有利却始终没有看出来。

"自愿留场"

我所属的中队一连几年从事水稻生产，大部分犯人种水稻，少数人分担菜园、苗圃、饲养、大伙房、医务所、修缮等杂务。我是没有技能的，这些杂务都干不好，只有干笨重的水稻田劳动。

当地正当北纬47度，据说是全国或竟是全球纬度最高的水稻田。因气候冷，每年须在六月初才能下种，至秋九月中旬收割。其间任务很多，开垄、拔草、排灌、修渠、脱坯等非常紧张。为了抢时间，在收割和搬运中，全中队压缩其它劳动，人员全部投入。开始脱粒须在十一月中旬。那时气温已降到摄氏零下十来度，把脱粒场地全部浇水结冰成为冰场，然后才能进行脱粒，否则场地坑洼不平，泥土沙石将混入稻粒。脱粒时日夜分班开工，必须赶在翌年二月下旬开冻前完成。否则冰场一化，满地泥水，工作便不能进行。所以在当地种水稻可说是与时间赛跑，与气候比速度。

结果无非是犯人受罪，无时无刻不在紧张劳动中过生活。尤其是六月初春播时，冻土底层还未融化，稻田中的水接近零度，犯人须赤脚整天浸在冰冷的水中操作，双脚冻得发红，实在难受。我起初不能适应，还经常因此感冒。农忙季节不批准病假，只好带病坚持。严冬夜班脱粒情景更是令我难忘，那时气温已在摄氏零下30度左右。劳动稍一松懈便冻得受不了，只有不停地干，不停地跑动，才能顶得住。同时脱粒机的噪音彻夜不断，震得人头脑发胀。喷发出来的稻粒、稻芒、稻叶弥漫空气中。在昏暗的灯光下，茫茫的夜色中，人影攒动，尘土飞扬。犯人在极度疲劳极度瞌睡中经常发生跌倒、碰撞脱粒机等工伤事故。有几个犯人在脱粒时由于精神恍惚，手臂卷入脱粒机折断，造成残疾。夜班脱粒那种紧张可怕的场面，至今我回想起来犹有余悸。

由于当地属黑土地带，比较肥沃，又是由生荒的沼泽开垦成稻田，泥土中养份充足，因此水稻产量很高，单季稻每亩接近 300 公斤。可是犯人平时吃不到自己生产的大米，绝大部分向外供应。据说因为质量好，胜似无锡上白粳，有时竟远销到北京。小部分供应当地干部和部队。犯人一年中只有少数节日如中秋、国庆、新年和春节每人每天可配给到一斤大米，平时吃的仍是粗粮。那是场部用少量大米向附近老乡换来的小米、玉米之类的粗粮，作为犯人的主食。犯人对此毫无怨言，经历了多年的艰苦生活，长期挨饿，现在能吃饱已属万幸。由于水稻连年丰收，当局对犯人的粗粮供应放宽了尺度，犯人也心满意足，不复存在想吃好的奢望。

时间过得很快，我们这批劳改犯原判都是在十年以上，十年以下的没有编入劳改队。有一些在 1950 年前后判刑十年的犯人陆续服刑期满，到了释放的日子。哪知在这当口又发生了一桩意想不到的事，那就是刑满的犯人必须填写"自愿留场就业申请书"，然后才能"释放"。

所谓"释放"，是从劳改队的大围墙内搬出到围墙外不远的土坯房去住，改称为农工队，仍然从事原来所干的生产劳动。与劳改犯所不同的是不称为犯人或罪犯，改名称为就业农工，或简称农工，意即农业工人，可不受武装人员看管，在小范围内有行动自由。每月每人发给十多元人民币生活费，伙食衣着自理，每日三餐在农工食堂吃饭。饭食比犯人略好，但也是粗粮。其后生活费由于物价上涨，逐渐调整到二十多元。其它如劳动、作息时间、生活纪律、学习制度等与劳改犯毫无区别，而且还扣着"四类份子"的帽子，仍由原来中队的干部领导和管教。名义上有探亲假，实际上等于零。因为按规定，"新生"后不满五年、社会上没直系亲属、平时表现不好、靠拢政府不够等项中只要沾上一项便休想准假。而且其中后两项没有确定的标准，伸缩性很大，全由干部掌握，从而够条件请假而被批准的人数极少，只占全队人数百分之几。按此推算即便符合条件，上述各项都不沾边。如按人数排队，二十年也轮不上。

自从刑满犯人必须留场就业的规定公布以后，有一些有老婆孩子的犯人在刑满后不肯填"自愿留场就业申请书"，向队部哀求要回家和家人团聚，结果非但无效还受到严厉批评。

有一天大队干部来到中队作报告，大意是：

"凡刑满的人必须填具'自愿留场就业申请书'，继续留场从事农业生产。你们都是有前科的人，是人民的敌人、社会的渣滓，社会上容不得你们这批四类分子，即使让你们回到社会上去也是没有出路的。你们中间有人一心想回去，到期后不肯填留场申请书，以此来要挟政府。政府有强大的军警和司法机构难道会被你们这几个人吓倒？难道泥鳅能掀得起大浪？政府一再对你们说，你们在社会上无立足之地，可你们仍坚持要回去，你们想要干什么？想要干老本行，继续犯罪？这说明你们在思想改造上没有收获，没有改造好。劳改当局要为社会负责，要为你们负责，决不能轻易放你们回去，纵容你们去作恶，危害社会治安，危害人民，危害国家。我们有责任强制你们继续改造。现在正式向大家宣布，凡刑满的人必须填具'自愿留场就业申请书'继续留场就业，否则一律不释放，继续改造。在这期间，你们要作思想斗争，放弃幻想。什么时候思想搞通了，填了申请书自愿留场，什么时候就释放。"

会后有人发牢骚说："以前是有期，这下变为无期了。"

又有人说："既然是强制留场，何必要用自愿留场做幌子。"

此后不久，那几个坚持不填申请书的人陆续被迫投降。他们经过考虑，深知自己的力量远远敌不过政府。尤其是在专政之下如果继续顽抗，不但不能解决问题，不能达到目的，还必然会导致更坏的后果，只有就范。这就是干部们所谓"思想搞通了"。

刑满"释放"后必须继续留场就业的规定，对我没有影响，因为我本来就没有重见社会重见亲友的打算。我自投入劳改以后，父母相继在贫病交迫中去世，本人又无妻室儿女，是个无家可归的人。虽有兄嫂侄女一家三口住在上海，但他们生活窘迫，自顾不暇。哥哥又得了精神分裂症，侄女仍在上小学，嫂子帮佣贴补家用，这样一个家庭哪有能力来收容我这样一个身无分文又无职业的四类份子。我的出路也只有留场就业，别无它想，因此思想倒比较安定。不过对政府明明是强迫刑满人员留场，却硬要做出刑满人员自愿留场的假象，深感不满。这种无耻的欺骗行径竟出自政府政策，实在令人难以理解。

我是在1951年1月底被捕的，判徒刑12年。到1963年元旦过后，离我刑满的日子一天天近起来，有了盼头日子好似过得很慢，而且还有些担心，到了期是否会发生周折，不按期"释放"？以前曾有过好几次这样的事，到期不放有的是由于原判法院没有来通知；有的是在刑期或日期上发生疑问；有的是由于加刑而没有记入档案。

我好不容易盼到1963年1月底。按惯例到了期的犯人当天一清早便会接到队部的通知，当天就不出工，收拾行李去场部领"释放证"和填写"自愿留场就业申请书"。可是那天一清早没有来通知我，我仍旧随小组出工，心中万分懊丧，闷闷不乐。在工地上也不能安心，心想我怎么尽碰上这样倒霉的事，这次又不知发生了什么周折。挨到中午收工，回到中队，队部立即通知我去，我心中一喜。

到了队部指导员对我说："今天你刑满释放了。早晨我叫通讯员去通知你，他去得晚了一些，你已经出工了，工地离得远，通讯员又有事走不开，只好等到中午你收工回来后再通知你了。饭后你就去场部领'释放证'，再去场部指定的中队去报到。"

早晨没有来通知我原来如此。我对此毫不介意，只晚了半天算不了什么，有人曾耽误过几个月之久。我思想上既放下了包袱，感到轻松愉快。指导员当时就叫我填写"自愿留场就业申请书"，我二话没说，拿起笔来就填。那"申请书"内容很简单，不消几分钟就填好了，可是我很清楚，这意味着我从此又要继续过不知多久的苦难生活，忍受不知多少的精神折磨。

当天我从队部出来回到小组，吃完午饭，收拾行李，打起一个背包，装起一袋杂物，拿了队部发给的介绍信到三公里外的"乌兰农场"场部去领了"释放证"，又赶到指定的一个中队去报到。那是一个新成立的农工中队，只有农工，没有犯人。这与从大围墙内搬到大围墙外的农工队有所不同。这里没有大围墙，没有电网岗亭，没有武装人员看守。看不到这一切心中无比舒畅。虽没有获得真正的自由，却有已进入自由天地的感觉。而且在那里遇见了几个小组中先我出来的人，好似他乡遇故知，相叙极欢。从此我结束了法律意义上的劳改，进入社会上所谓"二劳改"的农工阶段，在我的经历中揭开了新的一页。

第八章　农工队阶段

第八章　农工队阶段

评工分

刚调入农工队时，劳动、学习、纪律制度等方面虽与劳改队无大区别，但生活至少要好一些。每月每人发给十多元生活费，除去伙食费外，还可有几元剩余。不过衣着和日用品须自理。有人把多余的钱花在烟酒吃喝上，以致弄得衣衫褴褛。我把这几元钱完全用在购置日用品上，一点儿也不乱花。由于行动有了较大的自由，心情就比较舒畅。

可惜又是好景不长，烦人的事又发生了。农工队实行了包产和工分制度，工资制度随即取消。这种制度规定：小组的所得由各自的产值决定，各人所得由各自全年的工分多少计算，平时不发钱，只发给伙食费，每人总共能得多少需在年终结算后才知道。分值以小组全年净收益除以小组全体人员全年的工分总数得出。各人的工分在每天晚上就寝前评定，占用的时间即每晚的学习时间，因此学习也不学了。评分方式是自报公议。小组平均值每人每天是10分，全小组20人共计200分，这是每晚评出的总数，不许不足也不许超过。如果有一人被评为11分就意味着另有一人只能评为9分来对应。

这办法实际上不是按劳计酬，而是按劳分酬。因这酬是固定数，没有增减可能。有人多得必然要有人少得，有人少得才能有人多得。这办法不可避免地要引起争夺。在实行后每晚评工分时经常为了1分半分争得面红耳赤，甚至动武，吵闹到队部。也常因少数人的工分评不下，闹到深更半夜。评分要想在熄灯就寝前完成几乎不可能。因此农工们弄得睡眠不足，精神不振，早晨起身，头昏脑胀，劳动不起劲，工效低落，很多任务不能按时完成。我当然也深受其苦，在繁重的劳动中，精力不济，昏昏沉沉，整天瞌睡。在以前粮食定量时我曾盼望哪一天可让我吃饱一次，现在盼望哪一天可让我睡够一次。每晚评工分时我常一言不发，只是在举手表决时说一声"同意"，随别人去争争吵吵，我坐在一旁打瞌睡。轮到评我时我也不争，当然要吃一些亏，但我认为不值得去计较，还不如保养精神好。这种情况勉强维持到年终。

翌年春节过后由中队统计员和各小组的记分员共同核算，经过了三番五次的周折，帐终于结算出来了。每人扣除预发的伙食费外，一般可得约30元，最多不超过40元，最少只10多元。我得到20多元，平均每月只有2元左右。这与大家原来所估计和盼望的每人至少可得100余元的数额相差很大，大为扫兴。平均亩产达400多市斤，工分分值却低到只有一分来钱，大家议论纷纷，表示怀疑。后来经管帐目的人员把帐目公布出来，原因是生产费用项目繁多，数额很大，从产值中扣除以后，纯收入所剩无几。这些帐是否可靠，没有一个人敢去追查。四类分子的帽子扣在头上，根本没有这种权利，谁都不敢轻举妄动。

到第二年度，评工分办法虽仍照旧，但评工分时间改为一星期评一次，定在每星期六晚上进行，因星期日休息不致影响出工。这样当然要比以前好得多。由于上年的分值极低，一分半分所值无几，大家对此也不那样重视了。评分时的争吵情况因而大大减少，以前那令人头痛的难关又算混过。

到了当年秋季，不知是什么原因，包产评工分，按工分计酬的办法取消了。据说这是刘少奇提出的办法，后来受到批判。随后，农工队又恢复了工资制度。工资级别主要分为两级，25元和31元，有个别劳动好的定为35元，特别差的人定为22元。我的工资先定为31元，后来降为25元，原因不明。但总的来讲情况好多了，每人收入都比包产时有所增加，尤其是不用每晚受评分的困扰了。

四清运动

有一年接近新年时天下大雪,两天两夜连绵不停,平地积雪过膝。继而寒流袭来,门窗被震撼得直响,小土墙被吹倒,屋顶被刮掉。据说室外气温已降到摄氏零下三十多度。队部通知不出工,大家高兴之极。

第二天午饭后,队部通知开大会作冬训的动员报告。冬训每年都有,不过这次内容特殊,叫做"四清运动"。起初大家莫明其妙,不懂什么叫"四清运动"。经过上大课才知道所谓"四清"是指清政治、清组织、清经济和清思想。其实这四方面的问题主要是针对党员干部和工作人员的,与农工没有多大关系。因为一切情况在逮捕关押后经过多次审讯,坦白交代,以至在判刑后长期的观察和考验,已三番五次、不厌其详地搞清楚了,纵有未尽也无须搞大规模的运动。而且犯人在监禁中不可能参与政治上、经济上、社会上任何活动,有什么可清的?但是社会上搞什么运动,劳改队也要搞一通。

在这次运动中,大会小会不知开了多少次,到处贴满了标语,开会时不断高呼口号以张声势。队干部们常用要"大张旗鼓"和"雷厉风行"等名词来鼓励农工们积极响应各次运动的号召。"四清运动"进行时,每一小组有一名干部来监督和指导。进行方式是令每人逐按这四个方面自报,经小组提出帮助后整出材料交由队部批准通过。进行中的先后名次由队部按所掌握的材料列出名单。问题少或小的人列在前,问题多或大的人列在后,按序进行,逐一通过,也称之为"解放"。对问题不能了结的人暂停进行,称为"挂起来",让他考虑,作思想斗争,他的问题留后处理。

在运动开始以后,各小组电灯通宵不关,并派人彻夜看守,以防有人行凶、自杀或逃跑,气氛搞得恐怖紧张。我自幼一直是熄灯睡觉,已成习惯,通宵开着灯我睡不好,弄得每天头昏脑胀,很不好受。

干部们还扬言，凡不坦白交代，把问题彻底弄清的人，夜里睡也不安，还会说梦话，把罪行透露出来。这种心理战术对别人不知怎样，反正对我是一点也没起作用，只觉得可笑而已。所谓问题主要是指逮捕前未交代清楚的余罪和逮捕后的反动言行，在这方面恐怕与社会上搞这次运动的方式有所不同。对我来说，判我刑所根据的罪行在法律上都是不能成立的，更谈不上余罪。可是每人必须要过这个关，逃脱不了被逼、被斗、被侮辱的折磨。队部排出的小组名单中我名列第一。原因何在我也弄不懂，在进行自报公议中只用了一天多时间便通过了。在小组坐镇的干部私底下谈话对我说：

"你已经解放了，在进行别人时你要大胆地帮助，批判要严厉，要上纲上线，要使会场气氛热烈，不可出现冷场，务必把运动搞深搞透。你已通过，别人不可能对你打击报复。"

没有经过多大周折我便被解放，心中一宽。不料那干部要我在运动中起积极作用，使我背上另一包袱。我知道这是劳改队中在批判斗争一个犯人时惯用的手法，即干部暗中布置所谓积极分子，在会场上开口骂人、动手打人、无中生有、强词夺理地逼被斗者承认没有干过的事。我对这"积极表现"非但不愿干而且鄙视。以前别人用这种方式对付过我，现在却要我去对付别人，真使我为难。我之所以被轻易通过，首先被轻易解放的原因，依我看是由于在运动开始之初，大家摸不清底细，不敢轻举妄动。那些不讲道义的人还没有想到利用这一机会来假公济私、打击报复、捏造事实、作伪证等来达到泄私愤、清夙怨以至借此表现自己、讨好干部等目的。到了后来这种情况便出现了，而且愈演愈烈，甚至通过一个人须经几昼夜的帮助斗争。而且有的人还通不过，挂起来。

这一运动进行了一个多月，时近春节，冬训结束，于是又转入劳动阶段。照队部的话说是"暂时停顿，以后还要彻底地搞"，事实上后来也没有再搞。没有通过被挂起来的人也就不了了之。想是当局知道这运动把四类分子作为对象没有多大意义，为了不多耽误劳动，就这样虎头蛇尾地结束了。外界情况我不了解，就我所知这次"四清运动",在劳改队中伤人死人的情况还未听说。与以前的镇反、肃反、反右和以后的"文化大革命"相比,远为逊色。

"三忠于"

史无前例的"文化大革命"开始了。

据开大会时干部在报告中指出,这是毛主席亲自发动、亲自领导的一场思想领域大革命,目的是为了加速进入共产主义。我暗想毛泽东真是个天才,创举一个接一个,这"文革"规模之大、持续之久远远超过历次所有的政治运动。劳改犯人和农工队地处僻壤,远离城市,与社会几乎隔绝。"文革"中,这里发生的事有些说起来真可笑,有些说起来真可怕,也许我的所见所闻并不典型,但这是我劳改生活中的又一段经历。

"文革"初期,我在白土岗大土堡中队,农工队干部为了阐明"文革"的意义和重要,不断召开大会。大队作报告,中队作指示,小组进行讨论。搞了一阵接一阵的所谓学习毛主席著作的高潮。

"毛主席语录"又称"红宝书",每人必备一本,绝对不允许弄脏弄破。其中"老三篇"每人必须背熟。所谓"老三篇"是"毛主席语录"小红本中最热门的三篇,即《愚公移山》、《为人民服务》和《纪念白求恩》。语录中有若干条必须随口说出,不许说错一字。晚间学习时必须手捧语录端坐在炕上,不许靠墙,不许打瞌睡。

每人必须发言表态和谈学习心得体会,对照自己的言行进行自我批评和小组批评。这样搞队部还嫌不够,把每晚学习时间从两小时延长到三小时,以前两小时已很难熬,凭空又增加一小时,更加受罪。劳动了一整天,晚上已疲乏不堪,还要经受这三小时的精神折磨。在我多年的经历中得到一种体会,感到上面的领导人唯恐人们安居乐业，过平安的日子，总要想方设法来折腾人、磨难人，以至置人于死地。这是什么心理状态？是否属于虐待狂？令人难解。

随后不久花样又翻新，每天早上起床后，脸也未洗，立即集合站队，向毛主席像行三鞠躬礼，名为"向毛主席早请示"。接着唱革命歌曲，朗诵毛主席语录数则，然后才能洗脸开饭出工。晚上学习完毕，临睡前又要集体向毛泽东像三鞠躬，唱革命歌曲，并高呼"毛主席万岁、万岁、万万岁"，名为向毛主席汇报。这早请示晚汇报的制度一直实行了多年，直到文革中期林彪事件后才停止。这种怪现象行之既久，大家也就习以为常，见怪不怪，也感不到它的滑稽可笑了。

接着，更上一层楼，又兴起了新花样，进行"三忠于"活动。所谓"三忠于"是指"无限忠于毛主席""无限忠于毛泽东思想"和"无限忠于毛主席的革命路线"。在进行中各小组必须利用晚上学习时间各显神通，用各种方法布置各自的宿舍，可用文字、图画、诗歌、剪纸等种种方式来表达和体现"三忠于"。有的人还跳起"忠字舞"，至于唱"三忠于"的革命歌曲那就更普遍了。

我因略会写毛笔字，便被指派用彩色笔写"伟大的导师、伟大的领袖、伟大的统帅、伟大的舵手"十六个大字，贴在墙上。写这类东西必须十分小心，万一疏忽写错，将招致大祸。有一人把简体字的"庆"字写错，把内中的"大"字写成"犬"字，即说他是有意丑化共产党，受到批斗和处分。又有一人把简化字"国"字当中的"玉"写成"王"，忘了一个点，也受到批斗处分，说他是幻想封建王朝复辟。

又有一次墙上贴的剪纸中毛泽东的"毛"字的一勾没有贴住，挂了下来，有人提出"毛"字的腿掉下来了，贴剪纸的人也受到批斗和处分，说他是希望毛主席跛了腿站不住，共产党垮台。这只是很多事件中的几个例子。这些人除受到批斗和处分外，还把他们的反革命罪行列入专案，容后处理。

又有一次逢星期日休息，那时农工队和劳改队都实行"大礼拜"制，就是两个星期才休息一天。那天是大晴天，阳光灿烂，大家把多日未洗的衣物洗了晾出来，把院子中绳子、架子、树枝等都挂满了。我和小组中的另一人，麻痹大意，警惕性不高，把洗好的东西晾在屋外毛主席语录木牌上。有人汇报到队部，当晚我二人即受到严厉批斗和打骂。随着追究的深入，得知那另一人晾的是短裤和袜子，我晾的是帽子，这下便放宽了我，专整那另一人。这件事当然也列入专案，我为此久久忐忑不安，不知会导致什么后果。

有一天中队召集开会听报告。讲台上除中队干部外有一解放军战士，年龄约二十岁。经中队干部介绍，他是部队中学习毛主席著作的典范，今天请他来向大家介绍学习毛主席著作的心得体会，要求大家仔细听讲。那战士态度温和，讲话很文雅，大概是学生出身。他开始讲时有些腼腆，随后就很从容自如了。讲的内容无非是陈词滥调，但还没有不通不当的话，说是很得体，只是平淡无奇而已。讲完后未等散会他就先走了。他走后指导员接着讲话，说那战士一天要到好几处去作报告，很忙。随即称赞那战士，说他学习毛主席著作怎样勤奋，体会怎样深刻，并介绍说他把"老三篇"学得烂熟，每篇有多少段、多少字，其中有多少个"的"字都能说得准确无误，这才叫做学深学透。你们行吗？你们确实应该向他学习。此后由队部号召，又掀起学习"老三篇"的新高潮，责令大家要背熟，并举行测验。可是成绩不理想，能全部背出的人极少，哄了十几天后便沉寂下来。

学习毛泽东著作和"三忠于"活动搞了相当长一段时间后，"文革"进入了批斗阶段，实质上是恐怖阶段。

批斗运动

一开始大队召开大会作动员报告，传达上级指示和大批判进行的方式方法。中队扬言对犯罪和犯错误的人必须从严批斗，不能放松,不能草草了事,问题务必搞清楚搞彻底,不能冤枉一个好人,不能放过一个坏人。并领读了一段毛主席语录:"革命不是请客吃饭,不是做文章,不是绘画绣花,不能那样雅致,那样从容不迫,文质彬彬,那样温良恭俭让。革命是暴动,是一个阶级推翻一个阶级的暴烈的行动。"由于这次大会的召开,又经中队干部的明指暗示,在进行批斗中不能文雅,不能专靠以理服人,必须同时以力服人,因此批斗的方式方法逐步变化、逐步升级。被批斗者从不许直立,必须低头哈腰以至下跪请罪。不久以后变本加厉,改为"坐飞机"、挂土坯,对质问的问题如不答或辩解,立即遭到拳打脚踢,甚至用柳条抽打。被斗者愈来愈受罪。

小组中的劳动组长、学习组长和靠拢政府的积极分子经过队部的指示、敦促并奖励充当批斗会的主角,除本人发淫威外还督促其他人也积极投入斗争。谁表现得不够积极,谁就犯了"好人主义",同情落后,报到队部立案,存入个人档案,成为被斗争的依据材料。因此人人自危,不敢冷眼旁观,不得不装模作样地大声叫骂,动手动脚。

我有一次由于实在疲乏,昏昏欲睡,在开斗争会时坐在炕上墙角打起盹来,发出的鼾声被人听到。这一下可不得了,立刻把我揪下炕,你推我揉地逼我坐飞机。正在这时学习结束的钟响了,大家急于就寝,才放过了我。第二天适逢大礼拜休息,没有开斗争会。星期一晚上再开会时大概是把我这件事忘了,没有人提起,继续又批斗原来那人,我因此逃过了难关。

还有一次我也几乎遭殃,我小组中有一姓章的农工,平时与我相处较好,是心地很善良的人。那次为什么批斗他我已记不起,积极分子把他打得很利害。其时已到学习结束的时候,我只说了一句:"好了,好了,明晚再说。"这下引起那打人的人大怒,一把揪住我要打我。我一时火起不让他打,二人扭了起来。幸亏旁人并没有支持他,只是把我俩劝开了。第二天他告到队部,说我阻碍批斗,同情落后,我因此受到批评。学习组长暗中告诉我,由于这件事我已列入要被斗争的黑名单,如果当时没有到学习结束时间,我这问题要严重得多,肯定要立即被揪出来。

在整人批斗阶段中,总的来说,遭殃的人多数是善良软弱的人,那些凶恶奸诈的人反而很少被斗。原因很简单,由于他们厉害,别人不敢惹他们,怕事后受到报复。在这批斗阶段,人人自危,惶恐不安,幸而我所在的小组没有发生大事件。至于逼供打骂、挂土坯下跪、坐飞机等体罚和污辱人格等,在那个年代已不足为奇,没有人会联想到法制、人权这些不合时宜的东西,许多人根本就没有这些观念。

我们隔壁小组中有一被斗争的人说是由于态度顽固、死不认罪,一连整了一个多月,脸被打肿,腿被踢拐,衣服不整,面无人色,两眼直视,如痴呆状态。队部在他小组中指定两名身强力壮者睡在他两旁,日夜不离他左右,以防他逃跑、行凶或自杀。夜间斗他时,常听到他因被打或其它体罚大声惨叫。这人是个很耿直的人,不尚奸巧,不识时务,这就是他遭此恶运的原因。他与我较熟,我见到他这种处境很同情他,可是我自身难保,爱莫能助,心中十分难过。

另一小组中有两人被斗多日后被关进"小号",即关禁闭。那几间"小号"是"文革"开始后不久新盖的砖屋,每间面积极小,只有约4平方公尺。只有门没有窗户,因为窗户不牢固,容易被破坏。室内没有电灯,怕引起火灾或自杀。门一关上屋内一片漆黑。那两人被关入以后,仍不断地被提出来大会批斗。他俩的案情据说很复杂,牵连多人,详情我没有弄清楚,也不敢去问。他俩被关入"小号"多日以后,有一天早上送饭的人开门发现一人躺在地上,昏迷不醒,另一人已上吊吊死。经调查,他俩把衬衣撕成布条,连接成带子一起上吊。一人吊死了,另一人没有断气,布带断了,摔了下来未死。据推测,他俩不愿检举同案,想自己一死了之,免得连累别人。这种情况当局常以"畏罪自杀"称之。

此外,其他小组还有几个人被五花大绑或带上手镣脚铐,由武装人员用卡车押走,什么原因连小组都不知道。估计是由于外界检举。这些人被押走之后,从此消息全无,不知去向,没有一个被押回来过,看来是凶多吉少。那一段时期全队陷入恐怖之中,人人提心吊胆,深怕被叫到姓名被抓走。有一农工家属,五十多岁的老太婆,由于受了刺激,神经发生了错乱。一听到卡车声便大声嚎叫,以为要来抓人,有时还边叫边在院子中乱跑。其声音凄厉,裂人心肺。

那时"内查外调"极频繁,当局不惜大量人力物力来大搞特搞。我这人社会关系不复杂,参与过的机构和组织极有限,人事往来简单单纯,可是也有从上海来人向我调查过几次。查问的对象有的人我还不认识,关于他们的事当然一无所知。但来人说我不老实、狡猾,改造多年还不靠拢政府,还要包庇坏人。有一次上海来人要我提供关于我一个姓赵的老朋友过去的一切情况,我写好材料通不过,重复又写,还是通不过,说是太简单,没有重点。我又补充了好几次,还要逼迫我再补充。最后我与那人争论起来,我说我所知道的就这些了,我不能无中生有地捏造事实来陷害别人。那来人因此把我告到队部。姓赵的朋友是老共产党员,在抗日战争年代就入了党。可见共产党当权者对他们的自己人还是多方猜疑,信不过,何况对党外人士了。

在"文革"中,党员和干部间的斗争也非常激烈。一批野心勃勃的人想乘这风浪排挤别人,乘机晋升;还有一批人想借这机会争取入党。我中队有一名干事姓方,非党员,满脸奸相,一看就知是个坏蛋。"文革"开始后,成了一个造反派组织的头头,自诩为"左派"。整天各处跑,各处查看,什么事都要过问,都要指挥。对农工凶恶如狼,打人骂人,动不动打人耳光。人人怕他,干部们也得让他三分。他还攻击另一职位比他高的干部,目的是想挤那干部下台,来补此空缺。这种事在"文革"中是普遍现象。

三中队有一个姓钱的干部曾在一次批斗会上被连皮揪去许多头发,后来留下了一块块光秃秃的疤痕,十分难看。因此他经常戴着帽子遮丑,天气很热时也不脱掉。他曾开玩笑地说好在他那时已结婚,否则他这副德性恐怕很难找到老婆了。

批斗运动按原计划要人人过关。但照此进行了不到三分之一人数时,当局又改变了方式,由人人过关改为专整重点。他们认为人人过关不能批深批透，搞不彻底，形成"走过场"，达不到惩恶戒人的目的。这下对被斗的人更不放松，对每一件事都要无限上纲上线，提到反党叛国的高度。每批斗一人常常要搞十多天，遇到问题较多或进行"顽抗"的人搞得时间更长。有一个小组的学习组长与我很熟，他在队部开会时在指导员的桌子上看到拟定要重点批斗者的名单，也叫黑名单，其中有我的名字，他暗中告诉了我，叫我留意。我听了心中很不安，不知如何是好。幸而不久以后还未轮到批斗我，就有一批人从大土堡中队调到乌兰三中队，我也在内，一场近在眼前的灾难总算没有临到我头上。

王政委

我调到乌兰分场三中队，那里的分场政委姓王，被"造反派"斥为"走资派"，隔离审查，天天被左派批斗打骂。几个月下来骨瘦如柴，不似人形。我和他相识，曾在一起研制水稻插秧机。相处虽不很久，但已深知此人公正善良，而且已经年过半百了。

到了冬天，听说他逃跑了。在当时情况下他要逃跑是不可想象的，令人惊奇。他被看管得极严密，身边有两人监视，日夜不断，连他上厕所时这两人也跟着去。

哪知他就是乘上厕所时逃跑的，原来当地的厕所后墙外是粪池，人在厕所内的蹲坑解的大小便从坑洞中流入粪池，清除工作即在墙外进行。到了冬天当地气候严寒，大小便冻得坚硬如石，一点不会沾污衣服。那王政委便是从蹲坑的洞中钻了出去逃跑了。当时是夜间，两个看守他的人分别守在厕所两头的出入口，久等不见他出来，起了疑端，进去用手电筒一照，人不见了，无别路可走，知道他一定是从茅坑洞中钻了出去，逃出墙外。这两人想要从厕所到墙外必须绕一个大圈子，从大门才能出去，墙外是旷野，又当夜间，一片漆黑，无从追捕，只好让他逃跑了。

"文革"以后，王政委复了职，据他说当时他快被整死，想不如铤而走险，逃跑出去或许还有生路。他的逃跑计划早已想好，一直等到天冷时大小便冻硬，不致沾污衣服，才乘上厕所机会从蹲坑洞中钻出逃跑。他逃出去后到了北京，潜伏在朋友家。好在不久林彪出事，接着毛泽东去世，接着"四人帮"被打倒，"文革"结束，他才有可能回到原地恢复原职。

他逃跑以后，妻子便成了当时批斗的重点对象。他妻子姓董，那时四十多岁，在三中队医务所当医生兼司药。她人很好，对农工不摆架子，解放前还是个高中学生。她有一件海虎绒大衣和一双半高跟鞋，解放前是女青年们很普通的东西。有一次批斗她时我正好去乌兰场部附近的商店买东西，见到广场上聚集了很多人，四周贴了很多标语，又安装了扩音器。我料到又是在开批斗会，但不知批斗什么人。走近一看原来是董大夫。此前从未批斗过女性，因此很出我意外。我便站在人群中看。只见造反派把她的大衣和半高跟鞋掷在地上，逼她当众穿上跳秧歌舞，并把她称作资产阶级妖妇。她平时虽文雅温和，但在威力压迫下却丝毫不胆怯，死不肯穿。造反派硬替她穿上，她把鞋子踢掉，把大衣扯下。造反派把她按倒在地上，她又反抗，在地上乱滚。造反派揪着她两只脚在泥土地上拖着跑，一时广场上尘土飞扬，弄得她满身是土，满脸是泥血。经此搏斗她已奄奄一息，这才放了她。对这件事，中队农工，还有一些干部也感到愤慨，但在这疯狂的政治迫害的狂流中，没有人敢于出面反对和干预，只是敢怒而不敢言。

"文革"后期

在三中队,有一天晚上,一件奇事出现。中队召开大会,指导员宣布:"凡有林副主席语录"的人必须把它交给队部,不准私自保存。这事使人感到出乎意外,莫名其妙。当时林彪已是一人之下万人之上的人物,红极一时,他的语录几乎与"毛主席语录"同等重要。而如今忽而要没收,其中定有蹊跷。我当时料想林彪可能出事了,可万想不到是林彪阴谋杀害毛泽东,事态败露后潜逃中丧了命这样严重、这样戏剧性的大事,这件事改变了中国历史的进程。此事发生后,全农场的批斗运动和"三忠于"活动逐渐降温。左派积极分子的气焰也不像前此那样嚣张了。此后不久,天气转暖,进入春耕农忙季节,批斗运动也就冷场了。

在这场大难中我没有受到严重冲击真是大幸。以我出身、成分、学历、经历以及犯罪案由等很浓的政治色彩,加上劳改中表现不积极、靠扰政府不够,如果批斗到我,肯定不会轻易放过,要受尽屈辱,吃尽苦头。

"文化大革命"这场政治大迫害,由中共高层的内部互相排挤攻讦引起你死我活的斗争殃及全国人民,造成不可估量的危害和损失。虽然我的生活圈子不大,交友不广,可是也有三个亲友在"文革"中死于非命。

一是我的老朋友的妻子,因她丈夫有"反动经历",被隔离审查。左派对她无止无休地审讯逼供,命她交代她丈夫的"罪行"。她身体孱弱,神经不很健全,经受不了这种刺激,乘人不备跳楼自杀。她住在三楼,窗口下是水泥地,跳下去头部朝下,脑浆崩裂,立即丧命。二是我表嫂,也是跳楼自杀,原因我至今不了解。后来我曾遇见过表兄,他对妻子的自杀闭口不言,我自不便追问。三是我哥哥家的一个邻居,也是在"文革"中跳楼自杀。这三人都是跳楼自杀,无非因为那是最简单易行的自杀方式。另外我的哥哥和姓张的表兄分别由于"文革"中受迫害和判刑劳改都得了精神分裂症。在我有限的亲友中自杀和发疯达五人之多。推而广之，可知全国受害人数肯定惊人。

据我所识所知的人中，受了政治迫害，经历过镇反运动、长期劳改和"文革"批斗的惊涛骇浪至今仍旧活着而且神智正常的，我是仅存的硕果，属少数中的少数。有句老话"大难不死，必有后福"。其实生活在无民主、无法纪、无人权的制度下，我心情抑郁，不能自拔，并无"后福"之可言。

到了七十年代中期，我年龄已60开外，进入暮年。虽然我自小健壮，但经历了多年磨难，至此已很衰弱，对农工队的繁重劳动愈来愈感到难以承担。可是农工队中没有退休这一条，只有干到死为止。我不得不做尽力坚持下去的思想准备，心中不免悲观。

第九章　上诉平反

"文革"结束

　　1976年秋季，有一天队部忽然宣布了一项惊雷般的消息："毛主席逝世"。按理说毛泽东已属高龄，逝世本不足为奇。但是多年来大家喊惯了"毛主席万岁，万岁，万万岁！"也从来没有听说他生过病，在人们的印象中他是一个无比健康、好像永远不会死的人。固然在受政治迫害者的看法中，他的健康长寿意味着千百万人的灾难，但对他去世的消息仍感到非常突然，甚至有人还怀疑这消息是不是真的，是不是以此来观察各人的反应，是对大家的又一次考验。历来这种情况已出现过多次。虽然这消息对犯人和农工来讲无疑是一则天大的喜讯，但是大家不敢流露出喜悦的表情，彼此间也闭口不谈此事。人人保持缄默，唯恐失言招祸。我当然也心中窃喜，我想他一死中国的情况必然要大变，变好的可能性大，变坏的可能性小。在他的独裁统治下，倒行逆施，为所欲为，终于闹出"文化大革命"这样的事，可谓登峰造极，亘古所未有。他死了以后，不至于会出现更坏的情况。

　　依我看，像毛泽东这样一个集阴险、毒辣、愚昧、专横、残暴于一身的人，世上少见。他算不上一个知识分子，对民主、法治、人权这些现代人类文明的要素他非但不主张和支持，且横加打击和摧残。这三大要素是共和政体的基础，是他独裁统治的障碍。共产党掌权后，用清皇朝紫禁城的天安门作为国徽，这与作为人民共和国的名义、宗旨和形象都是极不适应的，对此我曾很不理解。后来想到毛泽东熟读史记和通鉴，封建帝王的意识极为浓厚，对历代帝王的遗物情有所钟，并以此象征自己身居帝位，大权独揽，驾驭天下。除此我找不到其他的解答了。

第九章 上诉平反

他死了可说是后继无人。果不出所料,不久以后就传出"四人帮"被逮捕的消息,接着又传出"文革"结束的消息,再接着"四类分子"全部脱帽,恢复公民权。喜讯一个接一个,我感到心情舒畅,无比兴奋。

接着,又发生了与我切身有关的事,即政府和法院为冤假错案进行平反,并号召当事人提出上诉。这是中共新领导班子拨乱反正的一项公正的政策。在毛泽东"四人帮"时代是不可想象的。从此,上诉的人和获得平反的人一天天多起来。我的思想不可避免地起了波动。然而经过了一番考虑之后,我对是否要上诉犹豫起来。几十年来中共高层派系斗争激烈,互相攻讦,互斥对方为反革命,以至到底谁是反革命,什么是反革命,混淆不清。我是没有政治地位、没有政治作用和影响的平民,即使戴了一项是非不清、缘由不明的反革命帽子又有什么关系,不值得为此费心事去上诉。而且上诉如果被驳回反而会引起极大的不愉快。在劳改中我曾心拟了两句反动话:"宁作囚犯,不当顺民。"在这种心态的影响下,我便放弃了上诉的打算。

上诉

几个月后,农场当局召开全体四类分子脱帽大会。接着我请假获准,几十年来头一次赴北京和家乡苏州去探访亲友。我遇到的人都鼓励我上诉,情恳意切,使我难以拒绝。同时我体会到在当时局势下,我的反革命前科注定了我的反革命分子身份,对亲友存在着不利的影响,上诉与否已不是关系到我个人的问题。

回到农场后,我开始作上诉准备。上诉须写出判决书的编号,以便原判法院或机关查考;又须写出内容,作为申辩的依据。可是判决书没有发给我,上诉无从动笔。于是向三中队队部查阅,那知不看倒罢，一看之后气得我要命。那份在队部存档的判决书与在监狱向我宣读的那两份不一样，以前的很简短，而这一份却很长，其中不无夸大而且添加了几件虚构的事，而且这份判决又从未向我宣读过，一直把我蒙在鼓里，真是岂有此理！由于我过于气恼和激动，血压升高，头晕眼花，上诉书一时不能动笔。过了一个多星期，心情平静了下来，血压也恢复了正常。于是按这份判决书中所列各项逐项申辩。由于内容复杂，既有夸大又有虚构，写申辩很困难。写了好久，改了多次才写好。措词力求简明扼要，寄到原来判决的法院。约一个月后就接到回信，说上诉书已收到并已立案待办，叫我等待处理，不必催办。这是一个极好的消息，法院既已接受了我的上诉，没有驳回，问题就有解决的希望。果然不到一年，法院叫我去上海一趟，为什么去没有说。我料想事情已有眉目，不然不会叫我老远地去南方，于是我就匆匆赶去。到了上海，第二天一早便和我侄女一起去长宁区中级法院找我案件的经办人。他说我的上诉已复判，事情已经解决，某月某日开庭宣判，叫我出庭，并领取判决书。这下我高兴极了，盼望已久的事原以为要经过许多周折，想不到竟这样简单顺利地解决了。

平反

到了约定的日子，我便上法院去出庭听宣判。当时在法院附设的小法庭举行开庭仪式，参与者只有四人：办案人、书记员、我、我侄女。开庭后由办案人宣读两个文件：一是某某市高级人民法院的刑事裁定书："----申诉人因反革命案经中国人民解放军某某市军事管制委员会于某年某月某日以某字第某号决定书判处有期徒刑十二年。现某某不服判决，提出申诉。经本院审查，原判适用法律不当。为此特裁令如下：一、撤消中国人民解放军某某市军事管制委员会某字第某号判决;二、本案交区法院再审。"另一份是某某市区人民法院刑事判决书:"----经某某市高级人民法院审查,原判适用法律不当,于某年某月某日撤消原判,发交本院再审。现经本院再审,查明某某在解放初期,曾讲过一些错误言论,并非以反革命为目的,属思想教育问题。据此特判决如下:对某某宣告无罪。"

宣判完毕,办案人把这两文件交给了我。这时我忽然看见桌上有一张很大的团体照片是从我的档案袋中拿出来的。怎么我的档案中会有这样一张照片,感到诧异,顺手拿起来看看。办案人见我看这张照片,随口问我:"你看看这里面有你没有?"我一听有些着急,因为我从未拍过这样十多人团体照,这是我能十分肯定的事,便说:"我从未拍过这样的团体照。里面怎会有我?我的档案中怎么会存入这张照片?这不是陷害么?"办案人顺手便把照片夺了过去,放入档案袋,并说:"我们也知道没有你在内,否则你的问题就大了,恐怕早被镇压了。"我说:"再让我看看行吗?上面印着什么字我没看清楚。"他说:"好啦,好啦,你已经平反了,问题解决了,还看它做什么?"说完后便走出门去了。想到这件事使我寒心。不过以我这案例来说,当局并没有利用这张作伪证的照片来虚构我这方面的罪行,可说是不公正中的公正。

在这次宣判时,办案人宣读了当初判我徒刑的判决书,只寥寥数语,比在监狱第一次对我的宣判还要简短。在宣判完毕后我问办案人为什么这判决书这样简短。他说这是最先的原始判决书。这样计算一下,我的判决书一共有四份:按顺序一是这次最后见到的原始判决书;二是在监狱第一次宣判的一份;三是第二次宣判的一份;四是在乌兰农场三中队存的最后一份。内容一份比一份复杂,这种情况可说是当时我国司法中的奇事,充分体现了"欲加之罪,何患无词"这句话。

我平反后,被当地劳改局办的一所高中聘为英语教员。从此我脱离了农工队,从"二劳改"中解放出来,回到了社会。计算起来,我自1951年初被捕算起至此1981年为止正好三十年。

后 记

我写本文才开始不久，大约只写了五分之一，冬去春来，天气转暖，便暂时停顿下来，和家人亲友们一起去远途旅游，归途中在黄山脚下投宿。晚间在附近餐馆就餐，听到隔座一群青年人在谈，说是北京高校学生罢课，举行游行示威。口号是要求中共政权进行民主改革，惩办官倒，消除腐败，维护法纪，保障人权等等。据说参与者之众，规模之大，前所未有。我和家人亲友等自离开杭州后一直在车船旅途劳顿和名胜古迹游览中过日子，既没看报纸也没听广播更没有看电视。对国内外的一切情况已睽隔多日。忽然听到这一惊人消息，我和家人亲友兴奋之极，平素一谈起国事便心情郁悒，满腹牢骚的情况，一扫而光。知识分子、尤其是高等学校学生，既富热忱又有政治见解。洞察时弊，深恶专政制度，因而不顾得失，不怕迫害，甘冒风险来振臂高呼。把人们几十年来的夙怨和热望，大胆地公开地表达出来，令人感动和钦佩。

我回京后次日一早便乘公共汽车到公主坟车站，准备乘向东行的公共汽车到天安广场亲眼看一看，了解一下实际情况。哪知东行的汽车因通不过天安门广场全部停驶，只好去改乘地铁。地铁站拥挤不堪，售票口前排成长队。好不容易挤上去，列车开行后在宣武门站、和平门站、前门站都不停，一直开到崇文门站才停下来。我赶快挤出车厢，挤出车站，穿过东长安街，拐入台基厂大街往西，向天安门广场走去。还未到达广场，在东交民巷的西头路口几十米处，便看到上万人头攒动，黑压压一片。进入广场后一看，人山人海，我从未见过这样大的场面，真是壮观。无数学校、工厂、企业和其他团体的队伍挤满了整个广场。旗帜交错，歌声嘹亮，再加无数扩音器中传出演讲声和口号声，交织在一起，欢腾鼎沸，无比热烈。同时秩序井然，并无混乱景象。广场中央地带，人民英雄纪念碑周围支起了无数大大小小的帐篷，里面呆满人，这些是外地学校的学生或团体的成员来京参加学运的。我穿过人群走到地下通道。在出入口和通道两壁，贴满了大字报、小字报。所有这一切口号、演讲、大小字报都是以要求政治改革、要求民主、要求保障人权、要求法治、要求言论和新闻自由、要求惩办贪污腐败和官倒等等为中心内容，无不切合广大人民群众的心声，所以赢得普遍的同情和支持自不为怪。路旁成千上万的群众表示拥护，拍手叫好，我身临此景此情，不禁兴奋起来，也随着欢呼鼓掌。

时过中午，我自早晨七时出门，至此已达五小时，我顺着人行道上一股已形成的窄的人流，艰难地向西挤去，又挤了约一个小时才挤到六部口。游行的队伍和车队仍在源源不绝地向广场涌来。他们高举着旗帜和标语牌，一路走一路高呼口号，大街上呈现一片欢腾热烈的气氛。我当时心情舒畅，兴高采烈，多年的积怨、愤慨、压抑、不满，想说而不敢说，即使敢说而无倾吐对象，即有倾吐对象也成不了气候，现在在这次运动中被广大学生、工人、教师和各类知识分子和群众公开地、无所顾忌地、不计得失后果地、不加保留地大声呼喊出来，全面彻底地表达出来，实在是大快人心，令人感到无比舒畅和激动。

参加游行的人数我无从估计正确，不过要在广大的天安门广场以及宽阔的东西长安街上挤满这么多的人，估计至少要有几十万人。当晚各广播电台报导说是超过百万人，我本人能躬逢和参与这次盛会，是我一生中最有意义、最可纪念的经历。当天回到家中已傍晚，疲劳之极，但精神愉快。

随后几天因受家人劝阻，我没有去天安门广场，只是在较近的三环路、白石桥、人民大学等地看大小字报和听消息。即使这些地方也是不计其数的人群。就在这时候，忽然从广播中和群众的传说中传来了新消息，说是由于在运动中向共产党和政府提出的各项正义要求，当局不予理睬，学生进行绝食抗议，人数达几十人，并且不断在增多。我一听到这新情况，料想事态一定要急剧变化，按捺不住，次日乘家人不知，一早又去天安门广场。这次是从西直门乘地铁去崇文门，较上次顺利。一进入广场，只见情况有了变化。人群更为拥挤，帐篷增加不少。广场东西两侧新设立了许多临时厕所和供水站，马路上停着许多供水卡车和救护车，都是各机关团体学校和医院为支持学运提供的。再往前走，走到各帐篷前便看到了绝食的学生们。他们分散在若干帐篷中，有的头缠白毛巾，有的身上写着口号，有的侧卧着正写东西。帐篷中放着面包咸菜等食物。前些天气温骤降，群众捐助的衣被等整齐地叠放在帐篷旁边，因天气转暖，已用不着，但不归私人所有，集中存放。可见他们的纪律是很严格的。我在来此之前已听说广场中央竖起了一座"民主女神"像，于是继续走到金水桥南面地下通道的两个出入口中间，只见一座"民主女神"像矗立在围观的人群之中，大约有四五公尺高，是一个白色的临时塑像。塑像前有一面木牌，上面大意说到：自满清被推翻以来，名义上建立了共和制度，但实质上并没有达到真正的民主。全国人民无不渴望我国的政治体制实行民主改革，从人治转变为法制，使人权得到保障，法纪得到维护，经济得到发展，全国人民才能从专政的桎梏下解脱出来，脱离贫穷落后，走向兴旺发达。为此在此地竖立起这"民主女神"像来表达全国人民的热望。但是现在政权还没有掌握在人民手中，这座神像早晚要被当权者拆除。然而人民早晚会掌握政权，专政制度的覆灭仅是个时间问题，这是世界局势的趋向，不论专政者如何挣扎，也挽救不了他们的命运，到那时候我们将在此原地，建立起一座高大的永久性的"民主女神"，永垂不朽，与世长存。我当时没有带笔和纸，未能抄下来。现在就所能记得的写下，与原文的措词当然不能相同，但主要的内容和精神不会有很大出入。

在部分学生开始绝食抗议后不几天，中共当局有了反应。中共总书记赵紫阳亲临天安门广场去慰问学生和劝阻绝食，并与学生代表对话。这一新情况表明当局所持的强硬立场有所转变。从这迹象来看，僵局有了转机、缓和以至冰释并非完全不可能。不料过不了两天，情况又急转直下，中共高层的强硬顽固派以莫须有罪名把赵紫阳撵下台，从而擅专军政大权，继而以惯用的高压手段来对付民主运动，宣布了戒严令，并从各地调动部队来北京执行戒严，旨在扼杀民主运动。

顿时首都全市陷入赤色恐怖之中。可是成千上万的学生工人和群众中的运动积极参加者并不胆怯，并不气馁，同心协心力地在通往郊区的交通要道口设置了各种路障，以阻挡戒严部队开进市区。我家正当通往西郊的要冲，西三环中路与紫竹院路的交叉路口设置了电车公共汽车，供学生工人们的纠察队在看守路口任务中作休息场所，路口一带人群彻夜不散。

事件当夜我正在酣睡中，忽被窗外传来的枪声惊醒，心觉有异，急忙起床与家人凭窗谛听。我家在高楼第十一层，卧室面南。当时夜深人静，又是居高临下，枪声清晰可闻。估计枪声是从东南方向传来。起初稀疏，后来渐密，继而成为连续的机枪声，其中夹杂着隆隆声和汽车急驰声。我们十分惊慌，不知发生了什么事。但政府既已宣布了戒严，按当时局势估计是政府在用武力镇压学生，肯定是，不会错，想象中不可能发生的事竟会发生。枪声持续了几个小时，到拂晓时由疏而止。镇压遂告"胜利"完成。这"胜利"是必然的，因为对手是手无寸铁的学生、知识分子、群众和工人。他们只有被杀，绝无还手甚至自卫的能力。我当时怒火中烧，无法再入睡，胡乱吃了些东西，天已大亮，便外出观望情况。其时街头巷尾已有不少人三五成群地在谈论夜间发生的事。众说纷纭，莫衷一是。当晚听了外国电台的广播，也听了北京当局发布的报导，二者关于这次事件中死伤人数的统计数字相差很远。从我亲自听到的枪声之密、持续之久来估计，死伤人数一定不在少数。然而确实的数字，即便接近的数字，外界也无从得知。

随后几天中，国内广播和电视台每天长时间地播放所谓"反革命暴乱"的真相和平定"暴乱"的经过。政府发言人的报导无非是充满了自相矛盾的谎言，有些话是欲盖弥彰，骗人达到自知骗不了人的程度，可是还不得不骗下去。

关于学运，还有一情况应该提及。这次民主运动是按我国宪法中人民有游行示威的权利的规定进行的，规模宏大，人数众多，群情激昂，气氛热烈，可是秩序良好，出乎意外。参加者遵守纪律，没有越轨行动，这是有目共睹，一致公认的。在运动后期，我几乎每天外出，在游行人群中走动观望，没有见到或听到吵闹、打架或其他纠纷等事。人际关系，空前友好。据很多人说：自运动开始以后，社会上窃盗、抢劫、伤害、凶杀等犯罪事件，从未发生。依我看不会有那样绝对，但至少要比平时大大减少，这个奇妙现象，原因不明，即强加解释，也难以求证。不过民主运动中秩序良好，没有混乱，是不容否认的事实。要说"暴乱"，只有武装部队用坦克和机枪屠杀学生和群众的暴力行为。手无寸铁甚至连木棍或石块也没有的徒手平民是决无挑起暴乱的企图和可能的。

事件发生之后，我因精神受的刺激太大，心情极度恶劣，无法安心执笔。本文不得不中途停顿下来。

思绪混乱地挨过三个多月后，我想到："国家兴亡，匹夫有责"，我身为一个中国人，对中国的命运和前途自应负起应尽的责任。不可把希望寄托在别人身上，而是自己应积极行动，有所作为，尤其是处于逆境时更不可沮丧消沉。我是书生，又已年迈，但在迫切的愿望推动下，仍可利用拙笔与专政制度展开斗争，以亲身的经历揭露我国政治阴暗面中的一个死角，对民主运动多少能起一些作用。这些想法鼓励我把原已搁置，甚至打算放弃的本文继续写下去。于是整理旧稿，重新构思执笔，以抵于成，深切盼望它日后能见于世。至于本人将会因此招致什么厄运，不加考虑。只要能为民主运动尽一份力量就是我莫大的欣慰，也是我平凡而坎坷的一生中所作唯一有意义的事。

我在大学时参加一二、九运动，回忆当时情景犹历历在目。那次运动振奋民心激发士气，对抗日战争起了极大的推动作用。这次民主运动，无论在规模、时间、意义、影响各方面都远远超过一二、九运动。后人对这场运动在宏观上的论述，诸如起因、影响、后果等等，肯定不会少。但在微观上的具体情况和细节的记载，可能不多以至失传。但这是决不可缺漏的，因为它有感动人而引起同情和愤慨的效果。我既曾身临其境，又正当我写本文期间，我就把当时身经目睹的情节从详写入此段后记中，使其成为全文不可分割的主要内容。我由衷地迫切地渴望人治的专政制度将让位给法治的民主制度，从而在世界上永远消灭，永远不再出现，并且深信这是人类精神文明发展的必然趋势，不可逆转。

补　遗

　　有一个方面，本文没有提到，毛泽东所提倡并迫使公职人员以至全国人民必须遵行的大义灭亲，与阶级敌人划清界限的号召，强制人民只能倾向共产党，忠于毛主席，个人与个人之间不允许存在私人感情，即使家人和亲友间也不例外。关于这些，我在农工队遇到的一件事略能说明问题。情况如下：

　　大约是1978年，当时我在内蒙东部兴安盟扎赉特旗保安沼劳改农场那家卧铺农工生产队务农，种植水稻。有一天放假，我有事去大约40公里外的乌塔旗镇。当我到达车站时，车虽未开但已满座，我只好站着。碰巧在车上遇见同队的另一农工，他已有座位，他的姓名已想不起来，只知他是广东人，年龄比我小，中等身材，眉清目秀，风度翩翩，一眼就可看出是知识分子并有相当身份。他见到我便向我打招呼，并起立让座，我再三推辞，他坚持要我坐。相谈之下，知道他是原国民党政府时的南京中央大学毕业，由于职务关系被判刑劳改，这次去乌塔旗镇是去医院看病。不一会到达目的地，便各自下车分散。那段车程不过半小时，因路况不好，车子颠簸，一路站着也很不好受。我很后悔，不应该让他站着，何况他还是病人。我年龄虽比他大，但身体却比他强。当时只顾交谈，没有想到这一点。由于他知礼谦让，是有教养的人，我不免对他发生好感，在随后的日子里和他交往较多。农工们都是无钱无势的穷光蛋，都是被践踏到社会最底层的人，谁对谁好或接近，绝不存在任何目的和企图，纯粹出于真诚的友善和好感。他的外表虽不错，但气色很差，面色发灰，这是内病严重的象征，果然过了不久他便去世。

　　事隔不久，有一天农工队里来了一位中年妇女，带着一个十多岁的女孩。她衣着朴素整洁，举止文雅，原来是那死者广东人的离了婚的前妻，女孩是他亲生女儿。据她说从死者的家人处得知他去世的消息，从迢遥五千里外赶来扫墓，并想领走他的骨灰。那时农工死后，尸体是在扎旗郊外一所很大的焚尸所焚烧的，骨灰装在瓦罐中埋掉。她是否领到骨灰我不得而知，我与她只见了一面，因为我要出工劳动，没有机会再相见。在她初到时与几个农工和我简短的谈话中，谈到她与丈夫离婚，并非出于自愿，实在是迫不得已。她工作的单位称她丈夫是阶级敌人，她如不与他离婚划清界限，单位便不能再留她继续工作。那年代全国所有的人除工资外不可能有其他收入，失去工作便无法生活。她别无选择，只好同意离婚。打算在他刑满后或政治环境变迁后再复婚，哪知等不到那时，他便死了。那妇女说她从他家人处得知，他的发病始自她提出离婚后不久，所以他的死是受了离婚的影响，说时痛哭流涕，听者无不为之动容。

这件事看来不是件大事，表面上看不出政治运动中那种暴行。而且借用一句古谚"大义灭亲"，好像还有些道理，蒙蔽性很大，因此很少人意识到这点而提出异议。然而仅以我所处狭小范围内既有此例，以全国来讲，这一强制性的号召造成家破人亡，妻离子散，六亲不认，互相攻讦的悲惨局面，影响所及的个人和家庭之多，难以估计。这种灾难，中外古今所未有。

这件事虽不是我本人的事，但它引发我莫大的伤感和对死者及其妻女的同情。是我在劳改中思想和感情方面的痛苦经历之一。因此作为"补遗"，载入本书。

小记：本书写完之后，大约在1991年，继父给我几页纸的"补遗"，让我加到书里。说这是一件让他非常难过的事。这段"补遗"没有故事，无所谓情节，仅仅是一个接触不多的难友，一个不幸的没有等到丈夫的妇人。笔触一如全书，平实、克制、客观，但强烈的同情与悲愤呼之欲出！

高忆陵

附录 1

波叔与我们一家

王孝基（王丕忠侄女）

波叔是父亲的胞弟，同属虎，小我父亲 12 岁，因为出生时正值一次大战开战，故小名欧波。

少年时期的王丕忠

我父亲出生在苏州一个书香门第家庭。其叔祖是晚清著名学者王同愈；祖父是王同愈的胞兄王同懋，也就是原上海图书馆馆长、著名版本目录学家顾廷龙的外祖父。我的祖父王怀份（念 bin）留学英国回来，从事外交工作，与司徒雷登交往甚密。父亲和波叔小时候是司徒雷登寓所的常客。1996 年夏天，82 岁的波叔曾带我去如今的北京西山八大处，寻找当年与司徒雷登聚会的场所。半个多世纪过去，他居然凭着门前的树木还能认出那破败木屋就是他曾经居住玩耍过的地方。

我小时候没见过波叔，是波叔平反回上海后才第一次见到。从父亲口中了解到：祖父家教极严，父亲从小胆小老实，祖父音量略高，马上乖乖闭嘴。波叔则只要他认为对的，就会据理力争，因此没少受皮肉之苦。祖父却常常背后称赞波叔："刚正不阿，有出息！"确实，波叔燕京大学毕业工作后，赡养父母，接济兄长，一家人其乐融融。

可是 1951 年 1 月份的一天，波叔突然失踪了……家人怎么努力也打听不到下落，大家心急如焚，束手无策。

祖母极度思儿，寝食难安，病体每况愈下，不久便故世了。她临终前很长一段时间，一直喃喃呼唤："欧波快点回来，欧波。"无论父母亲怎么安慰她，没能见上小儿子最后一面，老太太最终口眼未闭。

我出生前夕，祖父也故世了。忙于奔丧的母亲早产且难产，我被产钳拉到了这个世上，那年是1953年，父亲51岁，母亲41岁。

王丕忠之母

我印象中的祖父是父亲与波叔描述的：一位博学多才、严肃正直、对社会有贡献的外交人才，从政经商皆游刃有余。曾与德国人合伙在旧金山开铜矿，不料遭遇马克贬值，投资失败，家境一落千丈。无奈，祖父进了汪伪政府工作，担任公债司司长。解放后也因此进了共产党监狱。但祖父是个正直的知识分子，任职期间没干过任何损害国家和人民的事，还据理力争反对汪精卫发行公债，为老百姓免除了一场苦难，并因此被免除了死刑，几次获准保外就医。可是当狱方通知家属，祖父病死，父母亲为他草草下葬时，薄皮棺材的缝隙里（却）滴出血水，怎么会有血水滴出？当时谁也不敢问，至今成谜。

我父亲王敬忠是上海复旦大学的高材生，尤擅英语，毕业即留校任教。以后曾在多家外事部门当翻译，诸如英国海军驻南京武官处、联合国善后救济总署等；解放后则在中国五金矿产进出口公司上海分公司当笔译。

解放前的工作经历使他获得了"历史反革命"帽子，历次运动如三反、五反、肃反、反右等，他都是运动的重点。

王丕忠之父王敬忠

有一年（我太小，实在记不起），家里收到一张内容简短的明信片，才粗略知道波叔犯罪判刑，在东北某劳改农场服刑，希望能寄给他老花眼镜、套鞋、油布什么的。我是浑然不懂，母亲虽有思想准备，还是免不了一惊。父亲经受了太多打击，在波叔失踪的问题上脑子出了岔，精神彻底崩溃，随后被单位辞退，只发给微薄的生活费。他始终认为波叔去了香港，后又去了美国，总有一天会回来接他。在他的世界里原话是："报纸登的香港九龙大火，烧毁了200多间木头房子，其实就是暗示我，欧波平安到达香港；平民小人全部烧死，就表示欧波很安全，不会被小人陷害。""一辆A06牌照的轿车，在我面前停了二次，我晓得A就是America、0就是欧波、6就是快乐，他是要告诉我，欧波在美国很快乐"……

1955年王孝基与父亲在一起

母亲只得带他去就医，三次住院。一次住复兴西路21号上海市立精神病医院，两次住谨记路600号上海市精神病防治院。总共住院大约有一年半时间。学龄前的我，于是有了每月与母亲同去医院探望父亲的经历。

幸好父亲仅仅在触及时事和政治问题时，脑子会发生混乱，会按他自己的思维和信念说一些"疯话"。而在生活中他完全不糊涂。父亲的知识面极广，我的学业一直由他辅导，尤其是英语。这使我在班级一直名列前茅。他给我讲过好多古今中外名人名言、趣闻轶事、成语典故等，让我受益匪浅。1998年作为工薪阶层的丈夫和我，倾囊购买了三房一厅，也得益于父亲关于不动产的理念。

母亲宋桂芬出生于苏州修仙巷（后改为绣线巷）宋家，也算是当时的名门望族。祖上宋骏业是康熙朝的兵部左侍郎,因善书画,康熙委其主持绘制《康熙南巡图》。宋骏业延请时年 60 岁的王翚和宫廷内外的多名高手,历时五年,绘就 12 卷,现 8 卷分藏于海内外,4 卷下落不明。宋骏业亲自绘制了南巡途中从无锡至苏州的山水、民居、城垣、店铺、舟桥、良田的粉本(全图纵 0.65 米,横 29.55 米)。2002 年,母亲堂弟宋湛谦代表宋氏家族,在南京博物院举行了捐赠仪式,将粉本捐赠给南京博物院,完成了先人"敬守之"的心愿。

原修仙巷宋宅有七进,东宅西院。东大厅高悬康熙御题"静永堂"匾,西花院取名"趣园"。解放后园中的"八角亭"捐献给国家,移至现今留园;"花篮楼"也捐献了,移至寒山寺,就是现今的"枫江第一楼"。

现在,人们可以用正常的心态看待母亲这样的家族,可当时母亲的成分是必须夹着尾巴做人的地主,父亲是历史反革命,再加上波叔是现行反革命,可想而知我家在毛泽东时代有多艰难。

王孝基之母宋桂芬结婚照

波叔的来信很少,一年大概也就一封,每次母亲都关上门窗偷偷地看,既割舍不下蒙难的胞弟,又担心被人知道和"服刑期反革命"联络。母亲是深度近视眼,矫正视力不到 0.1,所以在我学会写信之前,基本上都是央请波叔的挚友王恩济叔叔(上海医药研究院高工)代写回信。

1963 年是我们家的春天:父亲结束了第三次住院,回到家中。波叔刑满释放,虽然换汤不换药,依旧没有自由,继续在农场艰苦劳动,但母亲的心情似乎好了一些。

那几年刚渡过困难时期,物资贫乏、粮食缺少的状况稍有改变。我每顿都能吃饱,偶尔有鱼、肉,也基本上都是我享用。父母竭尽所能呵护我,使我没怎么感到生活的艰苦。等我长大懂事后,每每想到这些，心口隐隐作痛。睡梦中无数次梦见父母，梦境总是两种情形：要么是非常开心，给父母好多零花钱或带父母去吃西餐；要么是非常伤心，父母生活窘迫或生病而我无能为力。

相对平静了二三年，文化大革命开始了。父亲被革命群众揪出来批斗，扣上假精神病真反革命帽子，说装精神病就是为从事反革命活动做掩护，为此遭受了一系列非人的折磨。可怜的父亲经不起新的刺激，走进他个人世界的时间又多了，回到现实生活的时间少了。

母亲积劳成疾终于病倒了。检查结果：卵巢癌中晚期！这个晴天霹雳把我吓哭了。医生安慰我："不要急，不要告诉病人，还能手术治疗。" 一边填写住院单一边问我些基本信息，我没加思索一一作答。问到家庭成分时，我同样没加思索轻声回答："反革命。"瞬间情况逆转，医生撕了填写到一半的住院单，把病历卡推回我面前："走吧，医院不为黑六类（地富反坏右资）及家属治病。"脑子里轰的一声我懵了，我苦苦哀求医生救救我妈妈，医生只是草草开了些止血、止疼药片，打发我们走了。

是我害了母亲？分明是我害了母亲！不是吗？！我无声地哭，无声地喊，胸口不时阵阵抽痛。我错在哪里？错在说了真话？如果父亲真是反革命？我怎么丝毫察觉不到他的反革命行动呢？母亲的病怎么办？我试着婉转地把母亲的病情告诉父亲，父亲听明白了，可是他不相信，说现在到处说假话，医生也在说假话。

看来只能换家医院试试，我对自己说："绝对不能说真话"。编好了词，隐瞒了长征医院求诊经历，带母亲去了第一妇婴保健院，重新检查的结果是卵巢癌晚期。当医生知道我们是"工人家属，父亲工伤在家不能前来"时，尽力进行了救治。

几天后公用电话送来传呼："明天上午准备200元，带上生活用品来第一妇婴保健院。"第二天院里派了一名医生一名工宣队员陪我们一起去肿瘤医院，当场就收治入院。

母亲奔波治病拖了些日子，营养太差体质太弱，不能马上手术，需要调养几天。可是没过几天，母亲的病情迅速恶化，出现大量腹水，肚子涨得比足月孕妇还大，失去了手术机会，只能姑息性治疗。三个月后，她恋恋不舍地看着我，慢慢闭上了眼睛。在龙华殡仪馆最后告别时，没有一位亲戚到场。来了几位邻居和十几位同学，因无钱租厅，就在殡仪馆的过道上匆匆向遗体告别。我哭得死去活来，连殡仪馆的工作人员都为之动容，劝我："回去吧，还有老爹（白发苍苍的父亲被他们看成老爹，也就是爷爷）需要你照料啊！"简单送走了母亲，从此，我一边上学一边全面操持起家庭生计。那年我16岁。

毛泽东"12.21最新指示"发表后，上山下乡之风越刮越猛。68、69届的应届毕业生干脆"一片红"，全部务农。像我们这样的反革命家庭更别无选择。当时因妈妈生病借了父亲单位的钱，每月必须从他微薄的退休工资中扣除，所剩下的钱很难维持父亲和我的生活。我决定自食其力，从学校提供的云南、黑龙江、江西、安徽等地中，选择去安徽插队落户，为的是离老父亲近些。

在学校下乡劳动时我曾结识一位"右派"老医生，我们很聊得来。他教了我很多医学知识，我还曾去过他供职的医院，帮他抄药方。

1970年下乡插队时的王孝基

我插队到安徽怀远后，被分到徐圩公社新集大队，新集大队有一个当时全公社最大的卫生院，中西药较齐全，医务人员缺少。于是在我下乡后没多久，就当上了"赤脚医生"，相对于下地劳动舒适了不少。

那时我心事重重，默默寡语，怀念母亲，惦念父亲，想念波叔。心想我命怎么这么苦，就没一个成分好一点的亲人能帮帮我。我又是独苗，没有兄弟姐妹，真是孤独啊，心苦啊！

更苦的是父亲，他年迈多病，经常饿一顿饱一顿。由于欠了几个月房租，房管部门逼迫他搬出住了二十几年的小屋，搬到一间木板钉的不足10平米的泥地破屋。但他竟奇迹般的一个人生活下来了。学会了买菜做饭，每个月严格按照我走时留下的表格开支。只是本来清瘦的父亲更加瘦了。年底我回上海探亲，父亲那个高兴啊，用省下的钱买了一两他最喜欢吃的巧克力回来，自己一口不吃，笑眯眯看着我吃。西餐奶油蛋糕巧克力是父亲的最爱，可从文化大革命开始，这些东西就再也没有进过家门。

1969年王孝基（前排左一）插队期间与陈医生（后排左一）等合影

然而祸不单行，我在卫生院护理危重病人时不幸染上了急性肝炎，提前回到上海，住进了医院隔离病房。医院规定的每周两次探视，父亲必来，每次都会买一个奶油面包给我。记得有一次他带着歉意的笑，说："少给你一点，我掰一小半吃"……

就这样，为了和父亲相依为命，我肝炎病愈出院后没再去安徽。没有户口没有粮票没

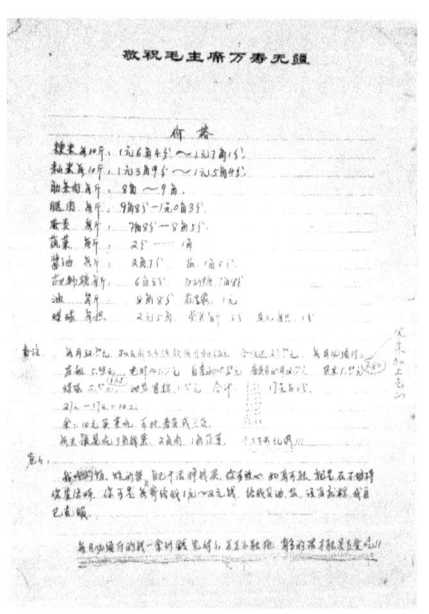

王孝基下乡前留给老父的"每月开支表"

有钱，不可能有工作。我寻思可以做佣人，也就是现在的钟点工。我们楼下邻居身体不好，两个外孙年龄小，需要照看，所以雇佣了我。

我的任务是早上刷马桶,上午买菜生煤炉做饭,下午帮小孩洗澡、洗衣服,然后拖地板,等她女儿女婿回家后我就下班。另外我还在里弄给4家洗涮马桶,每家每月挣1.5元。这样每月总共有16元收入,和当时学徒工资差不多了。

1972年底,李庆霖给毛泽东写信后,情况有所好转,独生子女可以结束插队,返回原籍。我遂于1973年将户口迁回了上海,并安排在一家集体所有制小厂工作,生活总算有了着落。

从1963年我学会写信开始,就一直和波叔通信往来。生活有着落后,我多次写信希望波叔能回上海探亲,一方面我们从未见过面,一方面想父亲和胞弟见了面,也许能帮助他走出个人世界。

然而波叔没被批准探亲,只是寄来一张一寸黑白照片。父亲凝视照片许久说:"共产党厉害,居然找到如此相像的人来骗我,但我还是看出破绽:为什么要戴大帽子,肯定脸像头发不像!""有本事让人站到我面前给我看,否则绝不相信。"

父亲长期罹患肺结核,曾因气胸住院二次,加上常年营养不良,由肺源性心脏病导致心力衰竭,1975年底与世长辞,兄弟相见的心愿最终未能实现。

波叔更加不幸:高寒荒僻地带劳改12年,"二劳改"18年,没自由没尊严漫长的30年!

我曾多次写信让波叔提出申诉,波叔以年代久远无法复查、不予理睬等回复我。看了波叔写的书稿我才知道,是30年的冤气堆积使他认定,被视为暴政的敌人比作为它的顺民还强。他在书中写道:"由于案情简单,又无同案,看来法院复查并不费事,因此在上诉只一年多便经复判,宣告无罪,12年徒刑的冤案遂告平反。"波叔不知道,事情其实没那么简单。

首先,波叔的案子是经过法院正式宣判并服刑期满的,没人愿意接手这个"烫山芋"。再加上事情过去了三十载,当初办案的,因人事变迁,不知下落。万幸的是,波叔遇到了"贵人"——他早年相识的庞曾漱。有关部门对后来成为我的姊姊的庞曾漱说:"要想平反,除非找到当年的办案人!"婶婶想方设法,顺藤摸瓜,几经周折,终于奇迹般地找到了当年的办案人。然后,她又找熟人,托关系,动用了好多人脉,再由我去见面、办些具体事宜。比如找过位高权重的××××,找第一律师事务所的××等,光长宁区法院我就去了好多次,王恩济叔叔也帮过忙。波叔所说的"一年多",其实是婶婶费尽心血的一年多,是我紧张忙碌的一年多。毫不夸张的说,没有婶婶的呕心沥血及我等的努力,波叔就没有平反的可能。

王丕忠与好友王恩济

波叔平反回上海后住在我家,我已结婚,由于住房条件限制,波叔只能住阁楼。婶婶把波叔接到北京,结为夫妇共同生活。他们一同在大百科出版社工作,一同去各地旅游,波叔终于过上有尊严有质量的生活。1997年,一生为别人忙碌的婶婶不幸患肝癌先波叔而去,把一个倾注一辈子心血的温暖的家留给了波叔。然而,波叔的生活并没多大变化,因为波叔的女儿、我的姐姐们像婶婶一样,无微不至地照顾波叔,使他安度晚年,健康长寿。

我有一个好丈夫,我和他共同幸福生活了22年。1998年底我们买了新房子,可他仅仅在新房子住了一个月,胰腺癌就无情地将他带走了……

生活还要继续呀……我擦干泪咬咬牙挺过来了。2003年我的儿子结婚,2004年我有了小孙子,现在一切又开始好起来了。

退休后我去学习了国画,又学了布艺堆画,这两年一边做画一边在社区活动中心当指导老师。我的作品基本上都被街道、部队收购了,使我很有成就感、很开心。现在正打算组织更多有富裕时间的人员学习布艺堆画,开发新品种,早日实现布艺堆画作品的商品化。

波叔于古稀之年毅然写作了十几万字的书稿,在惊讶之余我大感敬佩。他的苦难不是孤立的,在"阶级斗争为纲"的时代,他的家庭和亲人都受到了株连。我的祖母为儿子的"失踪"死不瞑目,我的父亲为弟弟的不白之冤精神分裂,我的母亲为他担惊受怕了一辈子,作为他的侄女,我的前半生始终生活在"现行反革命亲属"的阴影之中。波叔说他的文字是"历史的见证",如今,我惴惴然写下的文字,不知算不算"见证的见证"?

1994年王丕忠与夫人庞曾漱在家

2014年王丕忠与侄女王孝基(左)、继女高忆陵在一起

2014. 10. 20

附录 2

继父其人

高忆陵（王丕忠继女）

我的继父王丕忠（欧波）生于 1914 年 10 月，江苏苏州人。燕京大学经济系毕业。1949 年上海解放后属于旧政权留用人员。由于不堪忍受新政权对他们这类人的歧视、猜忌，想离开大陆去香港投奔亲友和谋生，不料却在 1951 年开始的"镇压反革命"（简称"镇反"）运动中被专政机关诬陷为"国民党匪特"而遭冤狱。更令人匪夷所思的是，十二年徒刑期满后仍然不能获得自由，而要"自愿"申请"留场就业"，继续过着"二劳改"生活，"反革命"帽子一戴就是 30 年……

1981 年，结束劳改生活的王丕忠

记得是在 1981 年，离婚后的母亲，向我们介绍了王伯伯的悲惨经历，引起我们极大的同情，从此，这位王伯伯就开始进入我们的生活。母亲与王伯伯是同乡和远亲，早年就相识。母亲坚信他是好人，决心为他讨回公正。母亲不辞辛苦地在内蒙偏僻的小镇和上海之间奔波，遇到再大的阻力也不言放弃。经过一年多的努力，终于找到当年的办案人，从堆积如山的文件下面找到王伯伯的案卷。经法院重新裁定，宣告王伯伯无罪。若不是母亲一腔正义，行事果决，王伯伯很可能在内蒙高寒地区教书至退休老去，也许就不会有这本书了。写到这里，我深深怀念在 1997 年被恶疾夺去生命的母亲。

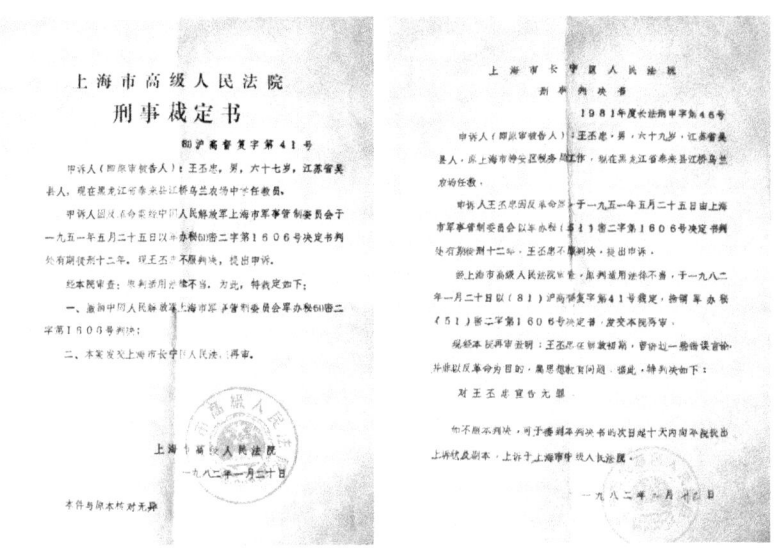

上海市高级人民法院刑事裁定书

上海市长宁区人民法院刑事判决书及判决书局部

母亲考虑到王伯伯平反后没有一个合适的生活地点，决定把他接到北京共同生活。1983 年，继父与我母亲结婚后，兴致勃勃地投入新生活。母亲一直努力使继父晚年幸福一些，多多少少补偿一些他失去的东西。他们参加了《大英百科全书》的部分编译工作，还不取分文地帮社科院翻译国外的书籍，一起去高校和科研院所辅导英文，给文革后那批求知若渴的年轻人留下了"气质高贵"，"特有教养"，"发音特纯正"等深刻印象。一有闲暇，他们就去旅游和探亲访友，九寨沟、张家界、苏杭一带、大海边……都留下他们的足迹。继父在 90 多岁后曾深情地对我说："跟你妈妈在一起的 14 年，过得真好啊！"

书中提到，继父判刑后不知是谁给他寄来一个包裹，给身陷囹圄的他带来一丝人间的温暖。继父平反之后才知道,寄包裹的女性是我的二姨,一个富有同情心、性情豁达的女性。当年她得知继父及他家庭的不幸遭遇后,完全不顾自己会

王丕忠与夫人庞曾漱在公园中

招惹麻烦受到牵连,果断地出手相助,不仅花钱购置了生活用品,还到监狱门口去排了很长时间的队。1999年我在美国见到二姨,提起这事,觉得她的行动十分难得,她淡然地笑笑:"没有什么,那时只有我能帮这个忙了。"

跟继父生活在一起,他很少提过去的事情,偶尔提两句却使我吃惊。他认识我不久,曾问我:"你知道1951年的'四·二七大屠杀'吗?"我脑子里迅速搜遍所有教科书给我的知识,都找不到这件事。"当时监狱院子里枪毙的人都堆不下了。"他说:"我身边死的人太多了……大部分都是教授、律师、职员、医生这类的人。"镇压反革命运动时我还小,直到60多年后,我才从《炎黄春秋》杂志上得知真相。毛泽东1951年3月18日在一份批示中写道:"……天津准备于今年一年内杀一千五百人(已杀一百五十人),四月底以前先杀五百人。完成这个计划,我们就有了主动。我希望上海、南京、青岛、广州、武汉及其他大城市、中等城市,都有一个几个月至今年年底的切实的镇反计划。人民说,杀反革命比下一场透雨还痛快……"(注1)在伟大领袖"大杀几批反革命"的一再督促、指示下,"上海市委在4月27日一天逮捕8359人,仅隔3天,4月30日一天就处决285人……以后每隔几天就枪毙一批人,少则几十名,多则一百四十五

名。"(注2)我这才知道,"大屠杀"并非空穴来风!

作为镇反对象又经历了那么多年的劳改,人们不免会对他提出疑问:"为什么你能活下来呢?"他的解释居然是:"我的饭量小。"他不觉得自己有什么特殊之处,说就像鱼能游,鸟能飞一样,自己天生耐饥寒的能力比较强。

据我观察,除了生理上有一定条件,他的性格也是帮他度过非人苦难的重要因素。他的性格特点可以形容为"有信念"。由于有信念,他对周围的人有爱,有憎,有同情;在非人的环境中能熬,能忍,能等待;对自己,不失尊严的底线,例如文中描述他绝不趴到地上去抢喝那点粥汤;对别人,能感同身受地寄予同情,不作加害于人的事。在生与死常常处在临界状态的严酷环境中,人的内在精神力量好比一种抵抗力,使人克服恐惧,做出正确的选择,从而保全生命。继父在脱离劳改过上平静安逸的生活后,我与他相处30多年,常常能感受到他稳定的精神状态、善良悲悯的心性、睿智的处世哲学,这都是精神上的"抵抗力",不仅使他能度过鬼门关,还使他安然达到百岁高寿。

2002年,88岁的他给我一封"写给朱镕基总理的信",信的大意是:

我国现有商场、超市和百货公司等地,售货员在工作时间只许站立,不许坐下,……售货员每天站立八小时或以上,即使生意清淡甚至没有顾客时也必须乾站。我曾几次坐火车没有座位,站立一二小时便难以忍受,售货员要站八小时甚至更久,我真不知他们怎样坚持的。实际上这是一种变相的虐待……我建议商场、超市和百货公司等为售货员设立座位,只需高脚小圆凳,只能作为歇脚,无法倚靠或打盹(以免影响生意)。在生意清淡或没有顾客时可稍坐休息,免得遭罪……

北京市民王丕忠
2002.3.6

他执意要我把此信寄到国务院办公室，我照办了。当然，此后音信全无。他的建议在有些人眼里也许是可笑的"认死理"，"脱离现实"，在他却是自然流露，天经地义，而且十分执着。细想一下，是他的理死，还是我们的心死？是不是我们已经失去了感觉别人痛苦的能力？

不知哪年跟他聊天，他说过，劳改中最好的一段时光是让他到池塘放鸭子。"除了我和鸭子，什么人也没有，小青蛙看见我就跳出来，我还可以摸它的脑袋呢！"这简直是一幅田园图画：小池塘边，一个孤寂的劳改犯，温情地抚摸着陪伴他的小青蛙的头。在苦难生涯中依然保持着爱的能力，这个人的生命力能不强么？

前两年，我给他买了一对鹦鹉。没过多久，他就把鹦鹉放出来，让它们自由自在地满屋子飞，窗帘杆和吊灯成了鹦鹉休栖的地方，直到晚上，他才让它们飞回笼子里。这是他老人家特殊的养鸟方法，也许是不忍心看着小生命被囚禁吧。社区院里的流浪猫们没少吃他买的猫粮，年事渐高的他活动范围逐渐变小，每天坐在楼门前看猫是他的一大乐趣。我每次经过，他都要像介绍某个人似的，郑重其事地告诉我："这只猫认识我。"

年届百岁的继父常常引起人们研究"长寿秘诀"的兴趣。走进他的房间，床旁枕边堆满报纸杂志，时尚杂志上的众多美女朝你搔首弄姿。孩子们总结说："爷爷爱看大美女，所以活得长。"其实，爷爷岂止喜欢美女，他还酷爱石头，曾被叫做"石头爷爷"。家里地上、桌上、柜上、架上堆满了他的石头，你要是不小心进了我们家门，就会被爷爷拖住，一块接一块地介绍他的石头，让你无法脱身。相对于收藏名石，他更喜欢在自然山水中寻寻觅觅，下过雨的河滩是他的最爱，因为一切石头都被雨水冲刷出本来的颜色。年届高龄之后，对石头的热爱使他成了潘家园市场的常客，虽然是从北京西北到东南的大吊角，他每周必去一趟，还总是说："潘家园，很近啊。"老人家身体真是好，有一次我送他到木樨地坐车，他居然跑步去追52路，那时，他94岁了。

有很长一段时间,他对数码相机发生兴趣,频繁出入于海龙、鼎好这些电子产品大卖场,接二连三地买相机送给亲友和学生,床头的时尚杂志一度被《数码科技》所取代。每次买回新相机,他都要告诉我们这个相机有什么不可取代的优点。有一次,优点是"有根带子,可以挂在脖子上。"真让我们哭笑不得。他爱说:"我在商场有朋友。"言外之意是可以买到好东西。他把"朋友"卖给他的相机给我看,上面有明显的划痕,显然是以次充好,看来他的"朋友"不懂"童叟无欺"的商业信条,不过,看着老人的兴奋劲儿,谁也没捅破这层窗户纸。

除了喜爱小动物和照相机,他对汽车更是入迷,只是由于年龄关系,没办法把汽车搞到家里……可以说,他的长寿秘诀应该有一条——"总对某些事物感兴趣。",而且,这还仅是秘诀之一。

众多秘诀中,他曾说过的"我忘记年龄。"恐怕也是颇为重要的一条。老人家不仅心地善良,而且颇有教养,彬彬有礼。九十多岁高龄的他,只要看见我提着重物,一定会伸出手来要接过去。他忘记了自己的年龄,却没忘记自己是位 Gentleman(绅士)。家里来了客人,他总是忙着接站、送站。虽说他的参与,非但帮不上忙,还增加了我们的负担,但我们非常尊重他把自己定位于帮助别人的人这种想法。

他尊重身边所有的人,无论保姆、电梯工、清洁工、卖报纸的、送报纸的……几十年了,报亭、超市、自行车摊,人都换了一茬子了,提起他来,所有的人异口同声:他可真是个好老头!

我之所以要写继父的生活琐事和以上方方面面,是想让读者知道,书中的"我"是个什么样的人。就是这样一个有教养、有节操、忠恕善良的知识分子,却陷入三十年的冤狱,而且不容申辩……一个强大的国家机器如此欺负一个柔弱的普通公民,公正何在?!

继父的冤狱绝非他个人的苦难,如果没有这十几万字,他经历过的漫长黑暗的日子将随着当事人全体逝去而永远无人知晓。现在,有了这本书,我们可以"立此存照"了。

几年前他的文字在国外网站发布后,网友们的回馈温暖着老爷子的心：

谢谢王老爷子写出他自己的悲惨经历。另一个普通人衷心祝他晚年幸福、安康。

请代向老人家转达我的问候！老人家值得人们尊敬。

注1：尹曙生：《1951年3月18日毛泽东一份批示的片段》，载《炎黄春秋》2014年第5期，北京《炎黄春秋》杂志社出版，第3页。

注2：尹曙生（安徽省公安厅原常务副厅长）：《毛泽东与第三次全国公安会议》，载《炎黄春秋》2014年第5期，北京《炎黄春秋》杂志社出版，第4页。

www.ingramcontent.com/pod-product-compliance
Lightning Source LLC
Chambersburg PA
CBHW051051230426
43666CB00012B/2645